MATTHIAS KRIEG **Blickwinkel**

T V Z

MATTHIAS KRIEG

Blickwinkel

Inspiration 53–104

TVZ

Theologischer Verlag Zürich

Gedruckt im Auftrag und mit freundlicher Unterstützung der
Reformierten Kirche Zürich.

Der Theologische Verlag Zürich wird vom Bundesamt für Kultur mit
einem Strukturbeitrag für die Jahre 2016–2018 unterstützt.

Bibliografische Information der Deutschen Nationalbibliothek
Die Deutsche Nationalbibliothek verzeichnet diese Publikation in der
Deutschen Nationalbibliografie; detaillierte bibliografische Daten sind im
Internet über http://dnb.dnb.de abrufbar.

Umschlaggestaltung und Layout
Mario Moths, Marl

Druck
Westermann Druck Zwickau GmbH

ISBN 978-3-290-17907-6
© 2017 Theologischer Verlag Zürich
www.tvz-verlag.ch

INHALT

Die überraschende Nummerierung weist darauf hin: Das Buch versteht sich als Fortsetzung. Vor einem Jahr ist der erste Band mit Wochentexten erschienen, nun folgt der zweite Band. Beide Bände wecken mein Staunen über den Reichtum, der in diesen Texten entfaltet wird. Zum einen ist es der Reichtum der zitierten Textstellen, von denen Matthias Krieg ausgeht: Bekannte und wenig bekannte Autoren finden zusammen, bilden ab, was es heisst, sich einer globalen Lektüre zu widmen, und laden zu einem verbindenden und verbindlichen Gespräch ein. Zum andern dann der Reichtum der Gedankengänge, die Matthias Krieg selber entwickelt. Die zitierte Textstelle ist wirklich nur Ausgangspunkt; sich mit ihr zu beschäftigen bedeutet nicht, sie zu umkreisen oder bei ihr stehen zu bleiben; sie bildet den Zugang zu Einsichten, zu persönlichen Erfahrungen, zu Menschen und Orten; sie kann im Gedankengang sogar gegenteiligen Aussagen Platz machen.

Matthias Krieg war über Jahrzehnte in der kirchlichen Erwachsenenbildung tätig. Davon leben nun seine Texte. Sie sind in sich abgerundet, in sich stimmig, ein Kunstwerk, und zugleich eine Einladung an die Lesenden, sie weiterzudenken, den Gedankengang weiterzuführen, sei es im Einverständnis, sei es im Zweifel, sei es im Widerspruch. Denn Erwachsenenbildung meint nicht Belehrung, sondern ein gemeinsames, dialogisches Entdecken, ein gegenseitiges Inspirieren. Auch die Texte dieses Bands wollen im Horizont der Lesenden aufgehen.

Als Theologe kennt Matthias Krieg die biblischen Texte. Dass er sie nicht nur kennt, sondern auch liebt, zeigt sich darin, dass er in ganz unerwarteten Augenblicken auf sie anspielt und sie in seinen Gedankengang miteinbezieht. Dieser Umgang mit den Bibelstellen geschieht auf eine ungewohnte Art – ich versuche, ihn zu beschreiben: Ich habe im Ohr, wie Theologen gezielt auf eine biblische Wendung hinreden können, auf einen unabänderlichen Beweis, so als habe Gott, und sie zusammen mit Gott, schon immer alles gewusst. Bei Matthias Krieg läuft es anders: Er denkt, formuliert, entwickelt und streift, fast wie nebenbei, auch eine biblische Wendung, als ob er selber staunen würde, dass man sie auch im Zusammenhang dieses Gedankengangs verstehen kann …

Unter den Inspirationen dieses Bands hat es mehrere Texte, die für mich bereits zu Lieblingstexten geworden sind. Müsste ich unter den Lieblingstexten nochmals eine Auswahl treffen, so würde ich mich im Augenblick für jenen Text entscheiden, der ausgehend von einem Zitat des polnischen Lyrikers Zbigniew Herbert über Wiederholung nachdenkt. Denn Wiederholen meint im Text das Wiederholen von Geschichten, und Geschichten basieren auf dem Mut, Zuversicht erzählerisch zu gestalten, und Zuversicht besagt: Wir leben in einer Zeit, der wir, wenn wir in ihr nicht untergehen wollen, nur durch eine bewusste Gestaltung gegenübertreten können. Ich verstehe die Texte von Matthias Krieg als Ausdruck derselben Zuversicht, eben dieser Freude, erzählend und sinnierend eine Welt zu entwerfen,

Peter Wild, im Januar 2017

I have seen the sun break
through

to illuminate a small field

for a while, and gone my way

and forgotten it. But that was
the pearl

of great price, the one field
that had

the treasure in it. I realize
now

that I must give all that I have

to possess it. Life is not
hurrying

on to a receding future, nor
hankering after

an imagined past. It is the
turning

aside like Moses to the
miracle

of the lit bush, to a brightness

that seemed as transitory as
your youth

once, but is the eternity that
awaits you.

R. S. Thomas, The Bright Field,
englisch 1945.

GLEICHNISSE VOM FINDEN, DEREN WAHRHEIT EINLEUCHTET. Gleichnisse von der Hingabe an Gefundenes, deren Emotionalität mitreisst. Gleich zwei von ihnen sind es: das vom Schatz und das von der Perle (Mt 13,44–45). Da *muss* einer einfach *alles geben,* was er hat, und er kauft den Acker und die Perle, um diesen Fund nie zu verlieren und für immer zu *besitzen.*

R. S. Thomas verlegt die biblischen Gleichnisse in die Landschaft von Wales, die ihm vertraut ist. Das Erlebnis des Alltags, der doch immer wieder seine Wunder hat, rahmt den biblischen Bezug: das märchenhafte Wunder, wenn ein gewöhnlich wolkenverhangener Himmel plötzlich *die Sonne durchbrechen* lässt und *ein schmales Feld* unerwartet von ihren Strahlen *erleuchtet* wird. Jeder fotografierende Tourist in England kennt ihn, diesen so schwer erfassbaren und so rasch entschwindenden Moment, wenn eine banale Welt ihre Tristesse verliert und plötzlich strahlt. Glücklich, wer ihn einfangen und festhalten, wer den Moment digital verewigen kann. *Illuminati,* die ihn erlebt haben, *Erleuchtete,* die dabei waren.

Wer derlei erlebt, bleibt selbst nicht trist. Für Thomas wirft das Erlebte ein neues Licht aufs eigene Leben. Er versteht es plötzlich besser. Das nur gerade für einen Moment erleuchtete Feld wird ihm zum Gleichnis fürs Leben. Er wird ein Erleuchteter. Er strahlt. Leben ist nicht, *einer Zukunft nachzueilen,* die sich *fortlaufend* vor mir *zurückzieht* und nicht eintreffen will. Auch ist Leben nicht, *einer Vergangenheit nachzutrauern,* die so nur in meiner *Vorstellung* existiert. Nein, in beiden Fällen bin ich ausser mir und verliere mich an etwas, das nie war und nie wird. Ich gehe an nichts verloren. Ein Grauen, das wohl viel grauer ist als das Feld, wenn es mal nicht erleuchtet ist.

Und nun diese Formulierung, die allen wohldurchdachten Programmen, jeder Art von Konsequenz, jeglicher Moral, ja, die selbst den biblischen Bildern vom geraden und breiten Weg widerspricht: Leben ist der *lay-by,* die *Wendung zur Seite,* die Unterbrechung auf der Hauptstrasse. Die Abwendung vom *main stream* und die Hinwendung zum *miracle aside,* das ist Leben. Nicht die Strasse, für die es ein GPS gibt, *geometrical product specifications,* damit ich auch dort ankomme, wo ich will, führt zum Leben, sondern das Ereignis am Strassenrand, das ein Wunder ist, der brennende Dornbusch des Mose (Ex 3,1–5), der aber *brightness* ausstrahlt, einen Glanz, eine Klarheit, eine Helligkeit, ja sogar eine Heiterkeit, die für immer lebendig macht.

Vorübergehend wie das erleuchtete walisische Feld ist dieses Ereignis auf der Seite des Gewöhnlichen. So *vergänglich wie die Jugend,* die erst der Erwachsene in seiner Versuchung des Nachtrauerns als flüchtig erkennt, traurig, nichts mehr von ihr an sich zu haben. Aber auch so *augenblicklich wie die Ewigkeit, die einen erwartet,* sich im lebendigen Moment aber nicht zurückzieht, sondern da ist, einfach da.

Zwischen dem Einst, das war, aber so, wie ich es heute erinnere, vielleicht doch nicht war, und dem Dereinst, das kommt, aber so, wie es sich mir heute entzieht, vielleicht doch nicht kommt, liegt der Schritt zur Seite, wo unerwartet und überraschend ein Wunder leuchtet. Nicht nur als Trost für Englandreisende.

Dir fehlt der Sinn für
Anteilnahme.

Kein Sinn ersetzt dir den Sinn
der Anteilnahme.

Selbst der bis zur Allsicht
geschärfte Blick

nützt dir gar nichts ohne den
Sinn der Anteilnahme.

Wisława Szymborska,
Gespräch mit dem Stein,
polnisch 1962.

WER WOLLTE SIE NICHT HABEN, DIE ALLSICHT? Wer wollte es nicht ganz vor Augen haben, das Panorama? Wer nicht gerne über es verfügen, das *Panoptikum?* Wie Gott zu sein, der alles sieht, so dass es nutzlos wäre, irgendwohin zu fliehen (Ps 139,7–10), sinnlos, etwas geheim halten (Lk 8,17), wirkungslos, eine aufkommende Glatze verhüllen zu wollen (Mt 10,30)? Wie Gott zu sein, der das *Pandämonium* aller heimlichen und unheimlichen Bestimmungen im Griff hat, wäre das nicht toll? Einen Turm zu bauen, höher als alles Dagewesene, Weitsicht über das Dasein zu haben und Einsicht in die Dinge (Gen 11,1–9), wäre das nicht grandios?

Wisława Szymborska beschreibt eine vergebliche Annäherung. *Ich klopfe an die Tür des Steins. / Ich bin's, mach auf.* So beginnen die sechs Runden ihres *Gesprächs mit dem Stein:* Von innen heraus antwortet der Stein, es gehe nicht. Warum? Er: Zu dicht sei er verschlossen. Sie: Es sei reine Neugier. Er: Das wirke lächerlich. Sie: Er habe eine unerkannte innere Schönheit. Er: Nur die äussere sei für sie zu erkennen. Sie: Sie wolle danach auch wieder gehen und schweigen. Er: Ihr fehle die Anteilnahme. Sie: Als Sterbliche könne sie nicht lange warten. Er: Es werde ihr mit dem *Blatt,* dem *Wassertropfen,* dem *Haar* auf ihrem Kopf genauso gehen. Sie ein letztes Mal: *Ich bin's, mach auf.* Er zuletzt: *Ich habe keine Tür.*

Nein, die Dichterin erhält keinen Zugang zum Inneren des Steins. Er bleibt für sie verschlossen und unerkannt. Mit seiner Aussenansicht muss sie sich zufrieden geben. Seine unverwechselbare Eigenheit, die Steinheit des Steins, sein Wesen bleiben ihr fremd. Ihre Neugier prallt an ihm ab. Nicht nur mit dem Stein geht es so, Gespräche mit dem Blatt, dem Wassertropfen, dem Haar würden genauso verlaufen. Die Dinge, wie sie wirklich sind, essenziell und existenziell, bleiben der Neugier des Menschen unzugänglich. Eine ernüchternde Botschaft.

Die Szymborska verrät auch den Grund, den der Stein ihr nennt: fehlender *Sinn für Anteilnahme.* Die *reine Neugier,* mit der sie sich dem Stein empfiehlt, genügt allein noch nicht. Sie schärft zwar ihren Blick, schafft aber keine Anteilnahme. Eine Erfahrung, die andere Neugierige teilen mögen. Wer auf Safari geht, will Tiere sehen. Zunächst ist er verwundert, was die *local guides* alles sehen: die Ohrenspitze der Hyäne im meterhohen Gras, den Pfeilfrosch auf dem feuchten Blatt, die Blattschneiderameise auf dem Weg, den schwebenden Kolibri vor der Blüte. Nach ein paar Tagen jedoch ist der eigene Blick geschärft. Der Neugierige sieht bereits viel mehr. Neugier lehrt Sehen. Das *Panoptikum* des Regenwalds öffnet sich ihm, das *Panorama* der Savanne steht ihm zur Verfügung. Er sieht Niegesehenes und hört Unerhörtes. Seine Sinne sind hellwach. Bei Nachtsafaris erkennt er die leuchtenden Augen von Löwenbabies im Unterholz.

Nur das *Pandämonium* bekommt er nicht in den Griff. Was er sieht, bleibt Objekt. In seinen Bestimmungsbüchern kann er neu entdeckte Spezies abhaken. Der Jäger und Sammler nutzt seine Sinne und nährt seine Neugier. Nur die Seelen der Dinge kommen ihm nicht zu Gesicht. Anteilnahme würde Objekte zu Subjekten machen. Die personifizierte Lebensbestimmung eines Wesens, sein *Daimon,* würde sich zeigen. Doch Eigenheit und Wesen bleiben selbst dem Neugierigen unzugänglich. Zur Steinheit des Steins öffnet sich keine Tür. Warum nicht? Weil Neugier nicht Liebe ist (1Kor 13,1).

Ein Kind schaukelt einen Ast

vor den Brauen in der Krone
des Maulbeerbaums

ohne Beschäftigung,
neben der Backgrube

und begräbt manchmal in
den Blättern

seine Augen, zu schwach

um ihren Blicken
standzuhalten

dieser Ansammlung von
Nachbarn auf den Mauern

wie eine Schar Raben

Polizeiabzeichen

sein Vater im Pyjama

auf dem Hof

wird ausgepeitscht

Sargon Boulus,
Das Kind hinter der Mauer,
arabisch 1992.

IRAK. SARGON BOULUS (1944–2007) WAR IRAKER. Seine wenigen Gedichtbände verarbeiten irakische Lebenserfahrungen. Mit einer Feinheit und einem Tiefgang, den man, sofort beschämt darüber, derlei festzustellen, gar nicht erwartet hätte. Irak. Das sind Katastrophenmeldungen seit dreissig Jahren. Das sind blutverschmierte Märkte, brennende Raffinerien, vergaste Dörfer, martialische Diktatoren, verfeindete Konfessionen, separatistische Ethnien, religiöser Fanatismus, panarabistischer Wahn. Irak. Gibt es dort Feines und Tiefes? Dichter und Sänger? Kultur? Früher war Bagdad ein Schmelztiegel der Kulturen! Aber heute? Haben Kulturschaffende wie Zaha Hadid, die Architektin, oder Samir, der Filmemacher, Bagdad nicht längst verlassen? Irak. Ein gescheiterter Staat, eine zerrüttete Gesellschaft, eine zerschossene und verbrannte Kultur. Eine durch und durch traumatisierte Welt. Irak.

Boulus fragt nach den Menschen im Irak. Hier nach den Kindern. Was geschieht in Kinderseelen, die ungefragt Zeugen werden? Was bleibt auf Kindergesichtern nach allem, was sie mitansehen mussten? Was wird aus Kinderträumen, wenn sie älter und erwachsen geworden sind? Dieses Kind ist *ein Kind* und namenlos. Ein Es, das für viele steht. Es hat sich zurückgezogen. Hinter die *Mauer* und auf den *Maulbeerbaum.* Hat sich unsichtbar gemacht *in der Krone.* Überschaut von dort oben zwar alles, verbirgt aber zugleich sein Gesicht. Will nichts mehr sehen und *begräbt seine Augen.* Als wären sie erstarrt von so viel Gesehenem. Geblendet von so viel Unglaublichem. Ausgestochen von so viel Grausamkeit.

Die Zeit steht still. Die *Backgrube* ist kalt und ruht. Die Menschen sind ohne *Beschäftigung.* Sie stehen *auf den Mauern* und gaffen. Nicht mehr Nachbarn sind sie, sondern Voyeure. Nicht mehr Menschen, sondern schwarze Totenvögel. Sie haben sich geschart, als warteten sie auf ein Opfer, eine Atzung, einen Leckerbissen. Wie sie so auf den Mauern stehen und gaffen, sind sie unerträglich für das Kind im Baum. Es würde schwach werden, würde es erkannt dort oben. Es wäre nicht mehr *ein Kind,* sondern das Kind dieses *Vaters,* der dort, wo alle hingaffen, gerade gedemütigt wird, *im Pyjama,* ausgepeitscht *auf dem Hof,* den alle einsehen können, ausgeliefert der *Schar,* die auf seinen Tod wartet, um ihn auszuweiden. Animalisierung der Ordnungskräfte. Bestialisierung der Nachbarschaft. Kannibalisierung des Alltags. Diese systematische Verwilderung des Zusammenlebens treibt Kinderaugen in den Tod. Das Kind begräbt *manchmal in den Blättern seine Augen.* Diese Welt ist nicht zum Ansehen. Ihr Antlitz ist eine Fratze. Die tägliche Hölle.

Kinder. Boulos gibt den Schwächsten seine Stimme. Die so viel Grausamkeit sehen müssen und selbst keine Worte finden fürs Gesehene, haben hier ihr Gedicht, ihre Mahnung, ihre Erinnerung. Kinder. Dieses Gedicht ist ein Denkmal für sie, an die zuletzt gedacht wird. Zuerst bekommen die Helden der Entmenschlichung eines, auch die mit *Polizeiabzeichen.* Allenfalls gibt es noch eines für die Heldinnen und Helden des Widerstands. Kinder. Wo jemals habe ich ein Denkmal für Kinder gesehen, die sich auf Bäume flüchteten? *Was ihr einem dieser Geringsten nicht getan habt, das habt ihr mir nicht getan.* (Mt 25,45) Kinder im Irak.

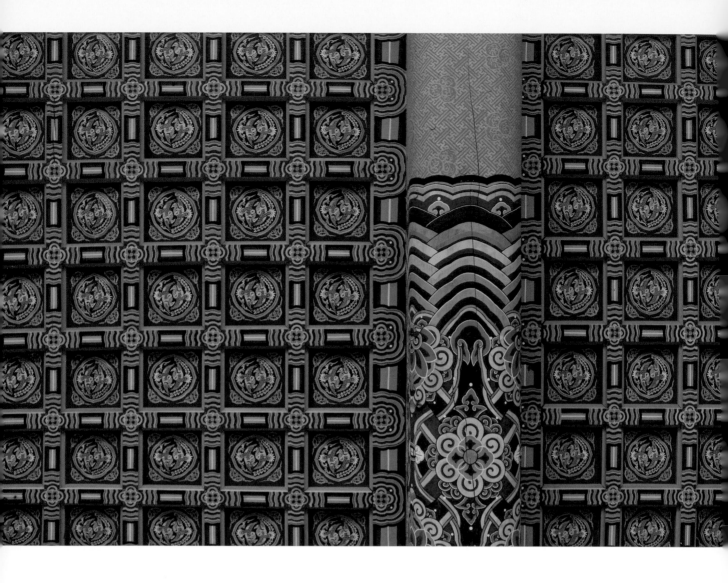

Mi hombre de limones y
duraznos,

dáme a beber fuentes de
melocotones y bananos

racimos de cerezas.

Tu cuerpo es el paraíso
perdido

del que nunca jamás ningún
Dios

podrá expulsarme.

Mein Mann aus Zitronen und
Herzpfirsichen

gib mir zu trinken Brunnen
voll Pfirsichen und Bananen

Trauben von Kirschen.

Dein Körper ist das verlorene
Paradies,

aus dem niemals wieder
irgendein Gott

mich vertreiben kann.

Gioconda Belli,
Amor de frutas,
spanisch 1992.

IHRE GESELLSCHAFT WAR KONSERVATIV, ihre Kirche katholisch und ihr Staat diktatorisch, als die junge Autorin erste erotische Gedichte in einer Tageszeitung von Managua publizierte. Nicaragua stand Kopf. Gioconda Belli ging ins Ausland und kehrte erst nach der sandinistischen Revolution von 1979 zurück.

Dass eine Frau es ist, die hier einen Mann beschreibt, wie im deutschen Minnesang eine Frau beschrieben wurde. Dass sie hier einen unbekannten Mann aus Früchten malt, wie der Italiener Arcimboldo (1527–1593) seine Allegorien auf die Granden des Hauses Habsburg malte. Dass sich *cornucopia,* das Füllhorn, aus dem bunte Früchte quellen, hier über einen nackten Liebespartner ergiesst, während in der Antike der junge Zeus sich aus dem Füllhorn der Amaltheia nährte. Das alles erregte Aufmerksamkeit, Gemüter und Glieder. Man stelle sich das Geschlecht vor, bedeckt mit *Äpfeln, Mangonektar und Erdbeerfleisch.* Eine Umarmung, bei der *Mandarinen* rollen. Einen Kuss, während Wein aus *Trauben* rinnt. Arme, die nach *Orangen* schmecken. Beine, die den *Samen des Granatapfels* verbergen. *Tu cuerpo son todas las frutas.* Liebe ist hier ein frugales Gelage.

Ob konservativ, katholisch oder diktatorisch. Quelle des aufmüpfigen Gedichts ist die gute alte Bibel. Diesseits von Allegorien, mit denen man die Erotik fromm übertüncht hat, ist es das Hohelied, die biblische Sammlung erotischer Liebeslyrik, die auch diesem Gedicht Vorbild ist (Hld 5,10–16): *Seine Wangen sind wie ein Balsambeet, / Gewürzkräuter lassen sie sprossen. / Seine Lippen sind Lotosblumen, / flüssige Myrrhe träufelt von ihnen.* Ohne Garten keine Liebe.

Wäre da nicht der Schluss des Gedichts. Er irritiert. *Dein Körper ist das verlorene Paradies.* Wie soll das gehen? Entweder ist er, oder er *ist verloren.* Entweder im Sein und hier oder im Nichtsein und weg. Beides geht nicht. *Aus dem niemals wieder irgendein Gott mich vertreiben kann.* Wenn sie nicht im Paradies sein kann, weil es verloren ist, kann sie auch niemand von dort vertreiben. Entweder ist sie drinnen, dann ist sie verloren. Oder sie ist draussen, dann braucht sie kein Gott zu vertreiben. So oder so, die neue Eva und der neue Adam leben im Paradox, wenn sie lieben. Liebe, wenn es sich wirklich um sie handelt, ist paradox.

Vereinigung und Versenkung, Gefühl und Genuss, Zärtlichkeit und Geilheit, Exzess und Orgasmus, was immer sich ereignet, wenn zwei sich lieben, wäre dann, wenn es sich wirklich um Liebe handelt, die Gleichzeitigkeit des Ungleichzeitigen. Ganz hier und ganz weg. Sein und Nichtsein. *La petite mort.* Die Erfahrung der Liebe wäre dann wie die Erfahrung Gottes paradox, nämlich ein Ganz-ausser-sich-Sein und ein Ganz-bei-sich-Sein. Sich genommen und sich gegeben. Voll weg und voll da.

Das macht die Liebe so gefährlich für Konservative, Kirchenfürsten und Diktatoren. Wenn nicht mal *irgendein Gott* die Liebenden aus dem Paradies vertreiben kann, um wie viel machtloser sind dann sie! Ihre Zwänge schmelzen weg im Feuer. Ihr dürres Brot vertrocknet neben dem Füllhorn. *Stark wie der Tod ist die Liebe, hart wie das Totenreich ihre Leidenschaft.* (Hld 8,6) Der *amor de frutas* bricht den Willen zur Macht. Der Garten überwuchert das Zeughaus. Der General verliert die Hose.

Aber ich war reich.
Wer sich im Karolinenthaler
Flusshafen in einer
Obstzille verstecken,
bei Jordan mit einem Alligator
spielen, bei Kutina einen
Rollmops verschlingen und
mit Fräulein Odkolek im
Laden Ball spielen kann, ist
reich. Der Geruch der
sauren Fische, der Geschmack
der Äpfel im Lastkahn,
das muffige Drachenaroma,
der lebendige Duft des
Odkolek-Brots und der
schwelende Dunst der Bett-
lersuppe, das sind unwieder-
bringliche Reichtümer.

Johannes Urzidil,
Von Odkolek zu Odradek, 1970.

PRAG UM 1900. Johannes Urzidil (1896–1970) erinnert sich zuletzt an seine früheste Kindheit. Er ist ein deutschsprachiger Jude wie Kafka, Brod und Werfel. 1933 musste er Prag Hals über Kopf verlassen, 1939 auch Tschechien. Er kehrte nie mehr zurück. Gegen Ende seines Lebens nun erinnert er sich in Amerika. Am Ende der Anfang. Karolinenthal war auch Karlín und noch zweisprachig, Prag noch ein buntes Völkergemisch, die Belle Epoque noch in voller Blüte, der Unterschied zwischen Reich und Arm noch unübersehbar.

Fern der Heimat, die nach imperialer und faschistischer nun unter stalinistischer Kontrolle stand, im Land der Freiheit, in dem *making dollars* und die *liberty of choice* alles sind, am falschen Ort und zur falschen Zeit also, denkt Urzidil über Reichtum nach. Er sieht die *unwiederbringlichen Reichtümer* seiner frühen Kindheit. Spätere scheinen wiederbringlich zu sein. Jene der Kindheit sind verloren. Urzidil beschreibt in dieser Erzählung eine verlorene Welt.

Verloren die *Obstzille,* das Transportboot der Moldau mit flachem Boden ohne Kiel, auf dem er sich einmal so gut versteckt hatte, dass die Brüder ihn lange nicht fanden. Verloren der ausgestopfte *Alligator,* den der Spediteur des Quartiers einst aus Lousiana nach Prag gebracht hatte und mit dem er nun im Hinterzimmer von Jordan spielte, nachdem er unbemerkt hereingeschlichen war. Verloren der *Rollmops,* den er sich, während sich das Hausmädchen, das ihn mitgenommen hatte, noch über die Zubereitung von Stockfisch unterrichten liess, gemopst hatte und sofort ganz gegessen und verschluckt, sodass ihm der spitze Span, der den Rollmops zusammenhielt, vom Quartierdoktor gerade noch aus der Kehle geholt werden konnte. Verloren der Ball, der zwischen ihm und der Bäckerstochter hin- und herflog, wobei sie sich beim Fangen jeweils extra zu Boden warfen, ein Ritual, das immer losging, sobald er mit seinen Brüdern den Bäckersladen betreten hatte, um den wöchentlichen Riesenlaib für eine vielköpfige Grossfamilie abzuholen.

Verloren die Wunderwelt kindlicher Entdeckungen und Gerüche. Ja, das macht die Erzählung so anschaulich: Sie riecht. Zwischen den Zeilen verströmt sie markante Düfte. Süss die Äpfel, sauer der Fisch, muffig das Präparat, frisch das Brot. Exotische Gerüche markieren die Erinnerung. Kindheit besteht aus Duftmarken, die allesamt erstmalig und, ist sie erst mal verloren, auch einmalig sind. Das Olfaktorische ist der erste und der letzte aktive Sinn. Vor dem Hören und Sehen kommt das Riechen. Und sind einem die beiden mal vergangen, wie man sagt, bleibt bis zuletzt das Riechen. Heimat ist vertrauter Geruch. Riechen ist das A und O. Gewiss hatte auch Mose einen besonderen Kindheitsgeruch: das Pech, mit dem seine Mutter das Körbchen wasserfest gemacht hatte (Ex 2,1–3). Oder Samuel: das Leinen, aus dem sein Gewand gewebt war, wohl auch der Überwurf, den ihm seine Mutter jedes Jahr gebracht hatte (1Sam 2,18–19). Oder Jesus: das Heu der Futterkrippe, die sein erstes Bett gewesen war (Lk 2,7). Wer wüsste nicht, wie Pech, Leinen oder Heu riechen!

Verloren die Kinderzeit, in der Zeit noch nicht Zeit war, die vergeht, sondern Geruch, der nie vergeht: Was ist das Ewige?, fragt sich Urzidil und schreibt: *Das Sich-Verstecken und der rollende Ball.*

Unter den Leuten von Tschu gab es einen, der Schilde und Lanzen verkaufte. Er pries sie folgendermassen an: «Meine Schilde sind so fest, dass nichts sie durchbohren kann.» Dann pries er seine Lanzen an: «Meine Lanzen sind so spitz, dass nichts ihnen widersteht.»

Jemand sagte: «Wie wäre es, mit Euren Lanzen Eure Schilde zu durchbohren?»

Der Mann konnte nichts darauf antworten.

Han Fe-dse, Sün-dse 36, in Mandarin vor 233 v. Chr.

DAS KENNT MAN DOCH! Erstaunlich ist nur, wie alt diese Art der Werbung schon ist. Han Fe-dse starb 233 v. Chr. und war ein Schüler des Sün-dse (um 300–230 v. Chr.), unter dessen Namen auch seine konfuzianische Weisheit publiziert und tradiert wurde. Das war zur *Zeit der streitenden Reiche* (475–221 v. Chr.), von denen sich schliesslich dasjenige der *Qin-Dynastie* durchsetzen konnte (221–207 v. Chr.), jener bedeutsamen Dynastie (255–206 v. Chr.), die dem Land *China* und der Wissenschaft der *Sinologie* den Namen gab. Chinesen waren die Untertanen der sechs Kaiser der *Qin*.

Auch damals also schon! Der Mund wird so voll genommen wie nur möglich, das Produkt so gross gemacht wie nur vorstellbar. Diese *Schilde und Lanzen* sind einfach *super,* würde man heute sagen. Der Superlativ ist die bestimmende Sprachform der Werbung. Von den drei Stufen der Komparation reicht der *Positiv,* die *Grundstufe,* nicht aus zur Beschreibung. Diese *Schilde und Lanzen* sind nicht einfach nur positiv, obwohl diese Vollmundigen sich oft auch dem *positive thinking* verbunden fühlen. Auch der *Komparativ,* die *Vergleichsstufe,* genügt offenbar nicht. Diese *Schilde und Lanzen* dulden einfach keinen Vergleich, obwohl dieselben Grossprecher in der Regel den Wettbewerb der Marktwirtschaft verteidigen. Nein, diesen *Schilden und Lanzen* ziemt einfach nur der *Superlativ,* die *Höchststufe.*

Der Preis für derartige Vollmundigkeit und Grossprecherei ist die *Simplifizierung:* Es muss *einfach* so sein! Die Gesetze der Relation, der Rhetorik, der Logik sind ausser Kraft, wo Produkte um jeden Preis angepriesen werden. Eine einzige schlaue Frage aber lässt die Luft aus der geilen Blase. Hier nutzt sie die Logik.

Zur *Zeit der streitenden Reiche* werden auch Art und Nutzung der Produkte eine pikante Rolle gespielt haben: Es handelt sich um Waffen für Krieger, um Kriegsmaterial für verfeindete Reiche. Die logische Frage des potenziellen Kunden entlarvt nicht nur rhetorischen Unsinn, sie deckt auch ethische Unmoral auf. Es ist ja derselbe Händler, der zugleich Angriffswaffen und Verteidigungsmittel anbietet, wie es heute oft dieselben Firmen sind, die beide kriegsführende Parteien beliefern. Sie verdienen gut an der Unlogik ihrer Werbung. Sie machen Dollars und Franken auf beiden Seiten. Ihr Interesse kann nur sein, dass die *Zeit der streitenden Reiche* nie endet.

Für Han Fe-dse, einen der grossen Lehrer konfuzianischer Ethik, ist die weisheitliche Parabel ein Plädoyer für Bescheidenheit im Sprechen und Aufrichtigkeit im Handeln. Die Gesetze der Relation, der Rhetorik, der Logik haben immer auch eine ethische Dimension. Ein Marktschreier sagt kaum die Wahrheit und dient ihr eher selten. Seine Interessen sind die Interessen seiner Bank.

Was würden Fe-dse und Deuterojesaja einander erzählen, sässen sie heute bei einem *Cosmopolitan* in einer Zürcher Bar? Der eine würde vielleicht seine Parabel zitieren, der andere sein Lied: *Seht meinen Diener, ich halte ihn, / meinen Erwählten, an ihm habe ich Gefallen. / Ich habe meinen Geist auf ihn gelegt, / das Recht trägt er hinaus zu den Nationen. / Er schreit nicht und wird nicht laut / und lässt seine Stimme nicht hören auf der Gasse.* (Jes 42,1–2) Beide entsprechen einander wie Stück und Gegenstück. Bescheiden und aufrichtig statt laut und listig. Recht statt Streit. Frieden. Ihre Interessen sind die Interessen der Menschen.

Der Glaube Senffkorns gross
versetzt den Berg ins Meer:

Dänkt was Er könnte thun,
wann er ein kürbis wär!

Angelus Silesius,
Cherubinischer Wandersmann
1/221, 1657.

WELCH EINE HERRLICHE VORSTELLUNG: das Senfkorn! Zwei Millimeter gross ist das Korn des weissen Senfs. Ob weisser, schwarzer oder gelber Senf, ob als Staude bis hundertfünfzig Zentimeter Höhe oder als Senfbaum bis sechshundert, das Staunen über die Winzigkeit des Samens und die Grösse seiner Pflanze war immer schon gross.

Granum sinapis, das Senfkorn, hat es als kleinste der küchentauglichen Sämereien zu grösster Bedeutung gebracht. Jesus verwendete es in einem seiner kleinsten Gleichnisse über das Reich Gottes: *Es ist wie ein Senfkorn, das kleinste unter allen Samenkörnern auf Erden, das in die Erde gesät wird. Ist es gesät, geht es auf und wird grösser als alle anderen Gewächse und treibt so grosse Zweige, dass in seinem Schatten die Vögel des Himmels nisten können.* (Mk 4,31) Nicht nur für das Gottesreich, und wie es sich ausbreitet, steht das Senfkorn bei Jesus, sondern auch für den Glauben, und was er bewirkt: *Wenn ihr Glauben habt wie ein Senfkorn, werdet ihr zu diesem Berg sagen: Bewege dich von hier nach dort, und er wird sich wegbewegen.* (Mt 17,20) Glaube mit der gigantischen Kraft von Erdbeben, Vulkanausbrüchen und Plattentektonik. Gottesreich und Menschenglaube fanden schliesslich zusammen in einem anonymen Gedicht: dem berühmten *granum sinapis* aus der deutschen Mystik des hohen Mittelalters, das Meister Eckhart zugeschrieben wird: *In dem begin / hô uber sin / ist ie daz wort. / ô rîcher hort, / dâ ie begin begin gebar!* Nun ist das göttliche Wort, Gott, der Wort ist, und Wort, das Gott ist (Joh 1,1–4), das mystische Senfkorn. Das achtstrophige Gedicht ist der mystische Weg, der vom Einen, aus dem Alles wird, zu Allem führt, in dem der Eine versinkt: *sink al mîn icht / in gotis nicht, / sink in dî grundelôze vlût!* Kleinstes und Grösstes fallen für den Mystiker nun zusammen.

Welch eine herrliche Vorstellung: das Senfkorn und der Kürbis! Angelus Silesius (1624–77), in Padova zum Doktor der Philosophie und der Medizin promoviert, hat die Traditionen des *granum sinapis* gewiss gut gekannt. Dreitausendmal grösser ist der Senfbaum als das Senfkorn, aus dem er entstanden ist. Ein gewaltiges Potenzial! Mit barocker Fabulierlust setzt er eine rhetorische Hyperbole obendrauf: Die Pflanze des Gartenkürbis wächst täglich um vierzehn Zentimeter und erreicht eine Grösse von tausend Zentimetern. Der Kürbis selbst kann bis vierzig Zentimeter Durchmesser haben! Damit ist er zweihundertmal grösser als das Senfkorn. Wenn also zwei Millimeter Senfkorn den Berg ins Meer versetzen, was versetzen dann vierhundert Millimeter Kürbis wohin? Ein gewaltiges Potenzial!

Gottesreich und Menschenglaube: In zwei Bildern, die aus dem eigenen Garten kommen, und in zwei Zeilen, die sich dem eigenen Gedächtnis einprägen, verdeutlicht Silesius ein Potenzial, das nicht von dieser Welt ist und doch in dieser Welt wirkt. Es ist die Dynamik, das Potenzial, die Möglichkeit Gottes. Unverfügbar wie das Gottesreich, aber erfahrbar wie der Menschenglaube, bleiben beide, das Reich Gottes und der Glaube des Menschen, Gaben Gottes, wie auch Senf und Kürbis Geschöpfe des Schöpfers sind.

Übrigens: Der Senf stammt aus China, wo er seit dreitausend Jahren bekannt ist, und der Senfbaum, die *salvadora persica,* die wohl am meisten die Vorstellung beflügelte, stammt aus Persien. Cucurbita, der Kürbis, stammt aus Mexiko, wo er sogar schon seit achttausend Jahren domestiziert ist. 1657 nutzte Silesius die sogenannte *Panzerbeere,* die Europäern frühestens 1520 zu Gesicht gekommen war. Alle waren kleine Migranten mit kultureller Wirkung, nachhaltiger Integration, fragloser Nützlichkeit und geistlichem Witz.

Die Bibliothekarin dachte ebenfalls nicht an das Glück. Sie wollte ihnen sagen, dass ihr ebenso fröhlich zumute sei, dass sie ebenfalls ins Kino gehe und – seht nur – dass sie ebenfalls lächle.

Aber sie war nicht mehr jung und wusste, was Glück ist. Deshalb beschloss sie, es niemandem zu sagen.

Reed Gračev,
Disput über das Glück,
russisch 1961.

REED IOSIDOVIČ GRAČEV (1935–2004) sei im Russland von heute ein Vergessener, im *Tauwetter* der Sechziger hingegen ein Verehrter gewesen. Nach der fremdgesteuerten Erzählkunst des Stalinismus ist Gračevs Sprache nüchtern statt pathetisch, erdig statt wolkig, flimmernd statt eindeutig.

Die kurze Erzählung hat ihren Ort im *Katharinenpark,* dem Landschaftspark 25 Kilometer südlich von Sankt Petersburg, wo auch der grosse *Katharinenpalast* steht, jene Zarenresidenz, die durch das *Bernsteinzimmer* bekannt geworden ist. In einem Flügel der Residenz ist das *Kaiserliche Lyzeum Zarskoje Selo* untergebracht. In der Bibliothek findet der Disput zum Thema *Was ist Glück?* statt.

Ort, Personen und Handlung, die drei Dimensionen des Theaters, passen hier überhaupt nicht zusammen: Im Zentrum der imperialistischen Macht und in der Eliteschule der Unterdrücker von einst treffen sich *zwölf Rentner und ein Trupp Soldaten,* Protagonisten der bolschewistischen Revolution und Unterdrückte des realen Sozialismus, um unter Anleitung der *Bibliothekarin* über das *Glück* zu disputieren. Ein ideologisch inszenierter Disput, denn im Zarismus wie im Sozialismus ist die Frage des Glücks, wenn auch völlig verschieden, so doch längst beantwortet. Eigentlich kann es nur um die Kontrolle eingetrichterter Antworten auf frisierte Fragen gehen.

Die Antworten sind überraschend bunt: Arbeit sei Glück, hat der linientreue Rentner gelernt. Die Erinnerung an einen freundlichen *jungen Arzt,* sagt *eine rotwangige alte Frau* ganz ungefärbt. Keine *Spiesser* als Nachbarn zu haben, findet ein Rentner, der noch nie einem Spiesser begegnet ist. Die Bibliothekarin denkt für sich, ihr Glück seien die Geräusche und Bilder des Parks, die kommen und gehen, doch laut sagt sie *die üblichen Worte, die Bibliothekare sagen, wenn sie Dispute über das Glück eröffnen bzw. beenden.* Die Soldaten sagen nichts, sondern warten aufs Kino. Dann ist der Disput vorbei, und alle gehen unverändert und unberührt ihrer Wege.

Auch die Bibliothekarin, deren Gedanken bei den Soldaten sind. Sie weiss, dass die Burschen *einfach jung* sind, *einfach schön* und *einfach trunken* vor Glück. Nun gehen sie *einfach ins Kino.* Sie kennt diese vierfache Einfachheit, diese jugendliche Simplizität, dieses unreflektierte Drinsein im Glück. Sie erinnert sich an die eigene Jugend, aber sie weiss, dass dies bei ihr, im Altern, im Rausfallen aus dem fraglosen Drinsein nicht mehr so ist. Wieso? Weil Ideologie vorschreibt, was Glück ist? Weil sich vorgeschriebenes Glück ebenso wenig einstellt, auch im Tauwetter nicht, wie sich jugendliche Einfachheit konservieren lässt?

All das weiss sie, die Bibliothekarin an der Eliteschule der Zaren, aber sie sagt es nicht. Das klingt wie skeptische biblische Weisheit: *Denke an deinen Schöpfer in deinen Jugendtagen, / bevor die schlechten Tage sich nahen / und Jahre kommen, von denen du sagen wirst: Sie gefallen mir nicht.* Die wunderbar melancholische Elegie am Schluss des Buchs Kohelet (Koh 11,9–12,7), eine Perle, atmet dieselbe Ungleichzeitigkeit von Erlebnis und Erfahrung: Der Junge, der Glück erlebt, ist drinnen im Glück, denkt nicht darüber nach und schweigt genau deshalb im Disput. Die Alte, die Glück erfahren hat, ist draussen aus dem Glück, denkt darüber nach und schweigt genau deshalb im Disput. Vom Glück, wie es ist, kann man so oder so, auch im *Tauwetter,* nur schweigen. Reden über Glück, wie es *war,* ist *Haschen nach Wind.*

Alice dachte, nein. Es waren nicht der Krieg und die aufgebrachten Veteranen; es waren nicht die Scharen und Scharen von Farbigen, die zu den Lohntüten und auf Strassen voll von ihresgleichen strömten. Es war die Musik. Die dreckige Los-mach-schon-Musik, die die Frauen sangen und die Männer spielten und zu der beide tanzten, eng und schamlos oder getrennt und wild. Davon war Alice überzeugt, und auch die Miller-Schwestern in der Küche, wo sie in ihre Postum-Tassen pusteten. Die Musik liess einen kopflose, unbotmässige Dinge tun. Sie nur zu hören, glich einer Gesetzesübertretung.

Toni Morrison,
Jazz,
amerikanisch 1992.

SIE WUCHSEN IN VIRGINIA AUF. Damals lebten noch viele Schwarze, die als Sklaven geboren worden waren. Ihre Kindheit war noch die von gerade eben befreiten Sklaven. 1906 zogen Joe und Violet dann wie so viele *African Americans* aus den Südstaaten nach Harlem. Man war jetzt frei und konnte seine Bleibe wählen. *New York* explodierte. Das schnell wachsende Quartier lag nördlich vom *Central Park,* auf der Insel *Manhattan,* die seit einigen Jahren zum Ort weltweiter Sehnsucht nach Glück geworden war. Der *pursuit of happiness* (1776) war endlich auch für Menschen, die nicht weiss waren, grundrechtlich vorgesehen.

Joe und Violet gelang ein einfaches Leben als Haushaltshilfe und Kosmetikvertreter. 1925 verliebte sich der alte Joe aber in eine Achtzehnjährige, und das Drama nahm seinen Lauf. Die junge Frau begegnete aber bald einem Gleichaltrigen, tanzte mit ihm davon und wurde von Joe erschossen. Nun ist 1926, die Gegenwart des Romans. Soweit der Plot, der gleich zu Anfang des Buchs mit der Tür ins Haus fällt.

Das erste Wort des Romans aber ist kein Wort, nicht mal eine richtige Interjektion: *Pfh.* Man könnte es rasch vergessen, wären da nicht in rhythmischer Wiederholung Elemente, die wesentlicher sind als der Plot: kleine Beschreibungen urbanen Lebens, tiefe Einblicke in triviale Alltagsabläufe, diffuse Stimmungen aus Bild und Musik. Dafür scheint *pfh* gleich zu Beginn zu stehen: für Stimmung, die mit Wörtern nur beschrieben, aber nicht erlebt werden kann. *Pfh* steht für ein neues Lebensgefühl, in dem sich Altes und Neues untrennbar verweben: die Polyrhythmie Afrikas und die Polyfonie Europas, der Herzschlag der Trommeln und der Melodienschatz der Romantik, Schwüles aus dem Süden und Klares aus dem Norden, Sprache der Haut und Sprache des Hirns. Verwoben in Harlem und gelebt auf Manhattan, so entsteht 1890–1930 Neues: der Crossover des Jazz, die Wörterflut der Megalopolis, die blue note der Sehnsucht. Fitzgeralds *Great Gatsby* (1925) beschrieb die Welt der Weissen, die sich den *roaring twenties,* wenn sie zu heftig wurden, auf *Long Island* entzogen. Toni Morrisons *Jazz* (1992) trägt siebzig Jahre später die Welt der Schwarzen nach, die arm, wie sie war, in Harlem bleiben mussten, egal, wie heftig die neue Welt röhrte.

Jazz ist sinister, zwielichtig, kontaminierend. Jazz verführt zu *kopflosen, unbotmässigen Dingen. Jazz* bringt *Dreckiges, Schamloses, Wildes* ans Licht und zieht die klare Vernunft hinab in emotionale Abgründe. Unklar wie die Herkunft des Worts – von *jasi,* einem Tanz der Mandingo, oder von *jasm,* französisch für Vitalität, oder von *jism,* vulgär für Ejakulat – ist der Weg dieser chaotischen *Negermusik:* Untergräbt oder fördert sie die Kultur? Versetzt sie Europa in den Regenwald? Schädigt oder erlöst sie? Die Nazis zeigten 1938 für ihre Ausstellung über *Entartete Musik* einen Schwarzen, der mit schwulstigen Lippen Saxofon spielt und auf dem Revers einen Judenstern trägt. Jazz als Gesetzesübertretung? Nein! Nein! Nein!

Die Musik verneigt sich, fällt auf die Knie, um alle zu umarmen, sie alle zu ermutigen, ein wenig zu leben, nun los doch, denn schliesslich ist dies hier, was ihr alle sucht.

Es fuhr der Geist auf
unsichtbarer Schwinge

allmächtig schaffend in die
kleinsten Dinge.

Karl Stamm,
Das Hohe Lied, 1911.

HUNDERT SONETTE HAT ER in seinem ersten Gedichtband versammelt, der Zwanzigjährige aus Wädenswil am Zürichsee. Karl Stamm (1890–1919), frühvollendet und frühverstorben, steht am Übergang von romantischem Pathos zu expressionistischem Engagement. Sein *Hohes Lied* gliedert in drei Abteilungen, nämlich Naturliebe, Partnerliebe und Gottesliebe, was das *Hohelied* der Bibel stets zusammenfasst. Als ob er drei Stockwerke des Kosmos besänge, kommt mit Blick nach unten die Schöpfung, mit Blick auf Augenhöhe die Erotik und mit Blick nach oben die Gottesminne zum Ausdruck. Beseelte Natur, beseelte Beziehung, beseelter Glaube. Diese Trinität menschlicher Gerichtetheit und Abhängigkeit entwickelt engagierte Bilder und starke Expressivität. Das war 1911.

1911–12 hatte der Künstlerkreis des *Blauen Reiters* seine epochalen Ausstellungen. 1910–14 ging Franz Marc, der Maler der Tiere, Schritt für Schritt über vom Naturalismus, der *nach der Natur* malte, zur Abstraktion, die am Wesen des Gegenstands, an der Tierheit des Tiers, an seiner Seele interessiert war. 1911 besuchten Marc und Vassilij Kandinskij ein Konzert von Arnold Schönberg, und unter dem Eindruck seiner neuen Tonalität dankte ihm Kandinskij wenige Tage später mit seinem ersten abstrakten Bild. Übergänge.

Engagement fürs Wesentliche statt Spiegelung des Sichtbaren. In Musik, Sprache und Kunst sind die Jahre 1909–13 Jahre des Übergangs. Das Wesen von Tönen, Wörtern und Farben wurde beschworen, immer keck, kraftvoll, ausdrucksstark, immer provokativ und allumfassend, immer ungewohnt. Stamm sieht das Ubiquitäre und Herausfordernde bereits im Schöpfungshandeln des Schöpfers und nicht erst in der Revolution der Künste kurz vor dem ersten weltweiten und himmelschreienden Krieg (1914–18). Gott ist es, der beseelend noch *in die kleinsten Dinge* fährt und in ihnen machtvoll wirkt. *Allmächtig* gar, wie es keine der Künste ist, die neue Kriegskunst schon gar nicht.

Die beseelte Natur und das göttliche Kleine sind zwei gegenständige Bilder. *Les extrêmes se touchent.* Makrokosmos und Mikrokosmos spiegeln sich ineinander, denn derselbe Geist ist *auf unsichtbarer Schwinge* ins Grösste wie ins Kleinste gefahren. Der *mit der Spanne seiner Hand den Himmel abgemessen* hat, nimmt sogar den *Tropfen in einem Eimer* wahr (Jes 40,12–15). Klopstock feiert den *Frühling* so, dass er gerade nicht macht, was schwulstig so nahelläge, nämlich sich in den *Ozean der Welten alle* zu *stürzen*. Nein er besingt die göttliche Seele des Frühlings, indem er dem Kleinsten huldigt: *Halleluja! Halleluja! Der Tropfen am Eimer / Rann aus der Hand des Allmächtigen auch!* (1771) Adalbert Stifter nennt es das *sanfte Gesetz,* jene eine Kraft, die den Milchhafen der Kätnerin genauso zum Überquellen bringen kann wie einen Vulkan (1852).

Für Karl Stamm ist diese Kraft des Schöpfers seine *Liebe.* Sie ruht in den grössten und kleinsten Dingen. Die *bunten Steine,* denen Stifter einen Zyklus von Erzählungen widmet (1853), sind von ihm geliebt wie das *Mücklein,* dem Gottfried Keller ein Kapitel seines Romans schenkt (1879). Seine Liebe ist einzigartig. Bevor der Mensch kam, ist sie in die Geschöpfe gefahren. Sie sind geliebt. Erzählen von der Verliebtheit ihres Schöpfers. Ihr Wesen zeugt, findet Stamm (1911), von einem liebestrunkenen Gott. – Wie grauenhaft dagegen drei Jahre später der grosse Krieg *der Welten alle* und acht Jahre später die *Tropfen* der mörderischen *Spanischen Grippe.*

wiederhole die alten
Menschheitsbeschwörungen
Märchen Legenden

denn so erreichst du das dir
unerreichbare Gut

wiederhole die grossen Worte
wiederhole sie trotzig

wie Wüstenwanderer sie wiederholen im Sande verendend

Zbigniew Herbert,
Des Herrn Cogito Vermächtnis,
polnisch 1974.

WIEDERHOLUNG. Der polnische Lyriker Zbigniew Herbert (1924–98) wieder-holt die Aufforderung zur Wiederholung in derselben Strophe gleich viermal. Sein literarisches *Vermächtnis* hat dreizehn Strophen, von denen zehn mit einem Impe-rativ beginnen. Fast ein Dekalog. *Wiederhole* ist das achte Gebot. Die Empfehlungen eines Fünfzigjährigen sind dies, der den deutschen Überfall auf Polen (1939), das Ende der Zweiten Republik (1940), den Verlust seiner galizischen Heimat (1945), die Installierung eines autoritären Regimes (1945) und den Ostvertrag mit der Generation Willy Brandts (1970) miterlebt hat und den Aufstand der Solidarność (1980), die Ausrufung der Dritten Republik (1989) und den Austritt aus dem Warschauer Pakt (1991) noch miterleben würde. Viel für ein einziges Leben. Die Verschiebung eines ganzen Landes von Ost nach West, die Zwangsumsiedelung von eineinhalb Millionen Menschen, Verhöhnung und Versöhnung allenthalben. Eigentlich zu viel für ein Leben.

Wiederholung. In einer Epoche mit derartig gewaltigen, mörderischen und nachhaltigen Erschütterungen empfiehlt Herbert Geschichten statt Geschichte, *Märchen* und *Legenden* statt täglicher Nachrichten, das *unerreichbare Gut* vor aller Zeit statt des aufdringlichen Bösen, das sich mit Pushmeldungen und Livetickern ungefragt ins Bewusstsein frisst. *Menschheitsbeschwörungen* empfiehlt er und *grosse Worte,* die aus der Vorgeschichte stammen, aus dem kulturellen Gedächtnis der Welt, aus dem Mythos. Da empfiehlt er dasselbe, was im Entstehen biblischer Geschichtsschreibung geschehen war: Je aussichtsloser Israels Gegenwart war, desto weiter zurück ging der Blick der Geschichtsschreiber. Die *Menschheitsbe-schwörungen* eines Mose oder lange vor ihm eines Abraham berichten zwar von viel Älterem, sind aber als Bestandteile der Geschichtsschreibung jung. Am jüngs-ten sind die *grossen Worte* der Urgeschichten. Deshalb ist die Frage müssig, ob *Kain und Abel* oder *Eva und Adam* gelebt hätten. Nein, sie gehören zum *unerreichbaren Gut.* Das ist ihr Sinn.

Wiederholung. Herbert empfiehlt, was die mutmasslich ersten Historiografen der Bibel sechsmal empfehlen: *Und wenn dein Sohn dich künftig fragt: Warum das?, dann sollst du zu ihm sagen …* (Ex 13,14) Ist die Gegenwart zu viel für ein einziges Leben, dann hilft die Wiederholung, die rituell eingebundene Erinnerung an das *unerreichbare Gut* vor der Geschichte. An die Zeit der Geschichten, und seien sie nicht mehr als *Märchen* und *Legenden.* Nicht mehr? Umgekehrt, würde Herbert antworten: Geschichten sind mehr als Geschichte! Sie sind Schatzkiste, Menschheitsgut, Erinnerungspotenzial. Ihre Kraft *trotzt* einer Gegenwart, die nur noch Gegenwart ist und sonst nichts. Ihre Kraft ist selbst dann stark, wenn der *Wüstenwanderer,* sich ihrer erinnernd, *im Sand verendet.* Jenem mythischen Mose gleich, der seine Leute durch die Wüste getrieben hatte, bis sie *das gelobte Land* vor sich sahen, das er selbst aber nicht mehr betreten konnte. *Unerreichbares Gut.*

Wiederholung. Herbert teilt das polnische Erleben des letzten Jahrhunderts. Eigentlich zu viel für ein Leben. *Herr Cogito,* seine Kunstfigur, mit der er *denkt und ergo ist,* vermacht den Nachgeborenen diese polnische Erfahrung: Ohne die treibenden Geschichten von einst im Kopf ist die vernichtende Geschichte von jetzt nicht zu überleben. Herbert hat überlebt. Sein Rat ist wertvoll. *Wiederhole!*

Übrigens, die letzte Strophe, die mit dem zehnten Imperativ und dem ultima-tiven Gebot, ist auch die kürzeste: *Bleibe treu und geh* Ohne Komma und Punkt

Names can break bones.

Kevin Ireland,
Mururoa:
The Name of the Place,
englisch 1997.

LETZTE ZEILE VON ELF TERZINEN. Schluss aus elf Dreizeilern. Merkvers fürs Stammbuch. Vier trockene Wörter: *Namen können Knochen brechen.*

Mururoa. Gemeint ist der Name eines Atolls. Jener Inselgruppe von *Französisch Polynesien*, wo der französische Staat dreissig Jahre lang Atombomben getestet hat (1966–96), 147 unterirdisch und 41 oberirdisch. Jenes Gebiets im *Département Outre-Mer*, das seit 2000 zwar von den Testern verlassen, für die Einheimischen aber bis heute ein verseuchtes Sperrgebiet ist. Jener Traumwelt in der Südsee also, die ökologisch für immer ausgeträumt hat. *Mururoa.* Der Name des Atolls bedeutet in der Sprache derer, die vor den Kolonialherren dort zu Hause waren und nach ihnen dort zu Hause sein werden: *Grosses Geheimnis.*

Der Neuseeländer Kevin Ireland beschreibt die Sprengkraft eines Namens. Klein könne die Insel sein, die Silben ihres Namens aber so gross wie ein Kontinent. Wie *Betlehem-Efrata, zu klein, um zu den Tausendschaften von Juda zu zählen* (Mi 5,1), dann aber Geburtsort des Messias (Mt 2,6): das *grosse Geheimnis* des Glücks. Gefährlich sei es, solche Namen zu vergessen, denn sie gehörten zu den *maps in the brain.* Wie *Ninive, die grosse Stadt, in der über hundertzwanzigtausend Menschen sind, die nicht unterscheiden können zwischen ihrer Rechten und ihrer Linken* (Jona 4,11), deshalb aber ein Ort der göttlichen Gnade, Barmherzigkeit und Langmut (Jona 4,2): das *grosse Geheimnis* des Glücks.

Namen können den Klang tragen von berstenden Gletschern oder pfeifenden Winden, können *schmecken wie Sirup oder Salz.* Wie die Städte *Sodom und Gomorrha*, auf die *Schwefel und Feuer* regnen wie von einem Vulkan und bei deren Anblick Lots Frau zur *Salzsäule* erstarrt (Gen 19,23–26): das *grosse Geheimnis* des Unglücks.

Namen können Knochen brechen wie die Namen Auschwitz oder Treblinka, Katyn oder Lidice, wie die Namen Tschernobyl oder Fukushima, wie Bhopal. Namen, ob von kleinen oder grossen Orten, immer noch bestehenden oder längst verschwundenen, können so stark sein, dass Tyrannen vor ihnen zittern wie Herodes vor *Betlehem* (Mt 2,1–18). Ein Fluch kann am Namen haften wie an *Mururoa*, der missbrauchten Erde, oder an *Sodom und Gomorrha*, der missbrauchten Gastfreundschaft. Ein Segen wie an Eden, dem ewigen Versprechen des Wohlseins und Friedens.

Vielleicht ist die Gefahr, die Knochen brechen lässt, umso grösser, je besser vergessen so ein Name ist, umso kleiner, je besser er erinnert wird. Vergangen geglaubte Bilder sind plötzlich wieder da: Familien auf der Flucht, Menschen auf Bahngeleisen, überfüllte Züge, Sprünge über Stacheldraht, angeschwemmte Kinderleichen, gefühllose Polizisten, Essensabgabe wie im Zoo. Auf einmal wird aus einer Stadt in Ungarn Sodom und Gomorrha, aus einer Tunneleinfahrt in Frankreich das Schilfmeer und aus einer ökonomischen Metropole in England Ninive. Auf einmal ist die beschworene Leitkultur keinen Pfifferling mehr wert, und über die Vergesslichen kommen knochenbrechende Namen von einst. Heimsuchungen.

Der Neuseeländer Kevin Ireland erinnert an den Segen der Erinnerung: Wer solche Namen, und deren Liste ist lang, memoriert, schützt seine Knochen. Wer sie vergisst, setzt sich Brüchen aus. Jetzt wie einst. Polynesisch *Mururoa* bedeutet *Grosses Geheimnis.* Erinnerung stärkt und schützt, äufnet eine Apotheke starker Namen, macht den Erinnernden zum Geheimnisträger. Sie verhindert Wiederholungen, die ein Fluch sind, und ermöglicht Wiederholungen, die ein Segen sind.

I believe in
communion:
bread wine
apples and us all
happy at table.

But not in saints.

Fiona Farrell,
Creed,
englisch 1999.

DARF FIONA FARRELL DAS? Ein *Credo* schreiben? Und anderen darin mitteilen, was sie glaubt und was nicht? Geht das? – Sie hat es jedenfalls getan, die Lyrikerin aus Neuseeland. Fünf Glaubensgegenstände zählt sie auf, die zu ihrem Glaubensgut zählen, dazu als fünf Kontrapunkte jene, an die sie *nicht* glaubt. *Fides* quae also, Geglaubtes und Nichtgeglaubtes. Dreimal stimmen sie überein mit kirchlichen Formulierungen: Vergebung, Abendmahl und Leben. Richtig, wird der Theologe sagen, hier liegt sie auf der Linie. Die Institution *gibt sich zufrieden und ist stille.*

Aber schon die erste Formulierung liegt völlig daneben: *I believe in the gingerbread man ...* Nein, das geht nicht! Und die fünfte ist ziemlich rätselhaft: *Those immortelles, petals / fallen like yellow teeth / in the tomb, bearing the / form of flowers ...* Ist die Provokation erst mal geschluckt, entsteht Hunger auf Verstehen.

Farrell stellt in der ersten Formulierung nicht Gott infrage, sondern das Gottesbild. Mit dem frühkirchlichen Gottesbild der Trinität kann sie nichts anfangen. Geht das? Institutionell wohl nicht, aber biblisch: Der *gingerbread man,* der mit dem Bauchladen und auf Jahrmärkten herumzieht, um Kindern *Lebkuchen* zu verkaufen, steht dem *Vater* nahe, der seinem Sohn *Brot* zu essen gibt statt eines *Steins* (Mt 7,9), *Fisch* statt einer *Schlange,* ein *Ei* statt eines *Skorpions* (Lk 11,11). – Sie empfindet die Vorstellung der Trinität wohl als Stein, der nicht nährt, sondern im Magen liegt, als Schlange und Skorpion, die nicht essbar sind, dafür giftig und gefährlich. Sie kritisiert verordnete Gottesbilder, die mehr belasten und verderben als nützen. Geht das?

Und die fünfte und letzte Formulierung, die rätselhafte? Jene Blume, welche die *Unsterbliche* genannt und als *Strohblume* überwintert wird, wenn sonst keine Blume blüht, darf bei Farrell ins offene Grab fallen. Aber an deren Duft und Atem glaubt sie nicht. Sie stellt nicht die Auferstehung infrage, aber die Magie, die mit Unsterblichkeit und Reinkarnation verbunden ist. – Sie kritisiert den religiösen Aberglauben, der sich rund um das Sterben verbreitet, wenn der Glaube schwindet.

Die dritte Formulierung in der Mitte des Gedichts steht auch im Zentrum institutionellen Glaubens: *I believe in communion.* Jawohl, denkt der Theologe, Gemeinde ist *communio,* und *communio* ist die Kommunikationsgemeinschaft des Glaubens. Sie hat ihr Wesen im Abendmahl, in *bread* und *wine.* Dort wird liturgisch kommuniziert und Gemeinde erlebt. Alles da, wunderbar! Doch dann fügt Farrell überraschend als Glaubensgegenstände noch die *Äpfel* hinzu, die sich vertrauten Menschen *am Tisch* und deren *Glücklichsein.* Diese freilich fehlen in der Liturgie der Institution. – Farrell vermisst die Alltäglichkeit des Apfels, die Vertrautheit der Gemeinde, das Glück der Frommen. Geht das? Institutionell gewiss nicht. Dort spielt rituelle Ordentlichkeit eine grössere Rolle als menschliches Empfinden. Biblisch hingegen schon. Jesus nimmt das gewöhnliche Abendessen als Vorlage für eine prophetische Zeichenhandlung. Er rechnet mit der Vertrautheit der Menschen untereinander. Es geht ihm um ihr Glück. Heilen ist sein Ziel.

Darf Dichtung das? Ein eigenes Bekenntnis schreiben, das zugleich eine Kritik der Institution ist, die das liturgische Bekenntnis als raison d'être ja voraussetzt? – Ja, sie soll das sogar. Wenn sich die Institution der Lebendigkeit des Glaubens bemächtigt und das Leben ihrer Menschen vergisst, tut prophetische Dichtung das auch (Am 5,21–24). Die Institution soll dem Menschen gerecht werden, nicht der Mensch der Institution.

Die Schönheit der Menschen
zeigt sich bei Regen.

Arno Camenisch,
Die Kur, 2015.

NICHT NUR DIE DER MENSCHEN, denke ich mir spontan. Auch die Schönheit der Landschaft, der Blumen und Blätter, der Bäume und Wälder. Auch die der Häuser, der Kirchen und Klöster, der Fassaden und Türknäufe. Auch die der Beziehungen, der Mienen und Gesichter, der Proportionen und Bewegungen.

Die Sentenz erinnert mich an die Erfahrungen des Photographierens mit zwei ph. An die Herausforderung, den Regentag in einer unbekannten Stadt zu bestehen und dabei die Kamera nicht frustriert im Hotelzimmer liegen zu lassen. Jetzt erst recht! Auf einmal ist die Totale nicht mehr alles, sondern Details gewinnen an Glanz und Ausstrahlung. Tropfen, die über ein Rhabarberblatt perlen. Pfützen, in denen sich eine bunte Fassade spiegelt. Graffitis, die in der Feuchte leuchten und das Grau ihrer Umgebung sprengen. Jetzt erst recht! Muster, die Pilze und Moose seit vielen Jahren auf eine alte Mauer zaubern, sind plötzlich attraktiv. Das Relief eines nassen Dolendeckels, die Parade des Kopfsteinpflasters im Zwielicht, das beschlagene Schaufenster mit den Umrissen schöner Gläser dahinter. Jetzt erst recht! Welch ein Drama bieten sich türmende Wolkenberge vor dem Gewitter, steigende Nebel danach, Feuersbrünste einer niedergehenden Sonne im verschleierten Abendhimmel! Welch ein Schauspiel geben tropfenübersäte Lotosblätter im Teich, nasse Rücken von Statuen im Park, gelbe Herbstblätter einer Akazie im alten Brunnen!

Nichts dagegen die Langeweile immerblauer Kreuzfahrtkataloge, die Eintönigkeit immergrüner Alpenwiesen in der Touristeninformation, die Banalität immerweisser Inseldörfer in der Werbung mediterraner Clubs. Nichts dagegen die platten Totalen ohne jede Tiefe. Alles zu sehen, aber nichts zu erkennen. Alles da, aber keine Botschaft. Fotografieren mit zwei f. Leicht gemachte Schönheit, die sich so gibt, aber keine ist. Standardisierte Gefälligkeiten und stereotype Muster. Ein Bild wie tausende. Langweilig. Déjà-vu.

Die Frau, die in Camenischs Siebenundvierzigbilderbuch diese Sentenz fallen lässt, wirft die Frage in die Luft, was denn Schönheit ist. Sie hat einen Grund: Sie und ihr Mann sind alt, haben an einer Tombola ein paar Tage Luxushotel im Engadin gewonnen, tappen nun in dieser edlen Glitzerwelt des Reichtums herum und starren eben gerade in den Engadiner Regen hinaus.

Was ist schön? Nur der junge Mensch mit straffer Haut? Das Engadin unter blauem Himmel? Die Edelabsteige bei Kenntnis des alten Knigge? Nicht aber der alte Mensch mit schlaffer Haut? Nicht das verregnete Engadin? Nicht die billige Pension? Umgekehrt gefragt: Was ist kitschig? Ein Sonnenuntergang mit prallen Farben?

Ich denke, die Wahrheit der Sentenz ist auch die Definition von Schönheit: Nicht die schiere Gefälligkeit macht etwas schön, nicht mein Wunsch, dass etwas so sei, wie es mir gefällt, nicht meine Konstruktion des Schönen, bei der dann auch schön sein muss, was ich schön sehen will. Schön ist nicht, was gefällt! Schön ist vielmehr, was herausfordert, was mich in Bewegung setzt, was mir eine Wahrheit zumutet. Und was mir plötzlich gefällt, weil ich diese Herausforderung annehme, mich auf sie einlasse und mich dabei verändere, weil mir gerade ein Neues und Unbekanntes aufgeht. Schön ist, was wahr wird und deshalb gefällt.

Kitsch aber entsteht durch Fotografieren mit f. Die Repetition des Beliebten, die Affirmation des Gefälligen, die Heiligung des Stereotypen produzieren Kitsch. Nie können Sonne oder Himmel kitschig sein. Aber mein Sehen, wenn es keine Herausforderungen will und keine Überraschungen zulässt, kann sie kitschig sehen.

We live on the flat, on the level, and yet – and so – we aspire. Groundlings, we can sometimes reach as far as the gods. Some soar with art, others with religion; most with love. But when we soar, we can also crash.

Wir leben auf breiten Stufen, auf ebenen Bahnen, und doch – und deshalb – streben wir in die Höhe. Wir sind Erdenwesen und können doch manchmal zu den Göttern hinaufreichen. Die einen schwingen sich mit der Kunst empor, die anderen mit der Religion; die meisten mit der Liebe. Doch wenn wir uns emporschwingen, dann können wir auch abstürzen.

Julian Barnes,
Levels of Life,
englisch 2013.

DREI EBENEN BESCHREIBT JULIAN BARNES IN DREI KAPITELN. Zuerst die Höhe, die Welt neuer technischer Möglichkeiten, hier der schwebenden Ballons mit ihren kühnen Pionieren: eine lustvolle historische Reportage. Dann die *ebenen Bahnen,* die Welt menschlicher Beziehungen, hier der Schauspielerin *Sara Bernhardt* und des Luft- und Fotopioniers *Nadar:* ein Bericht mit heiteren und ernsten Dialogen. Schliesslich die Tiefe, die Welt biografischer Abgründe, hier der eigene nach dem schnellen Tumortod seiner Frau: der Ich-Bericht seiner Trauer.

Dante fällt mir ein: oben das *Paradiso,* im Normalzustand das *Purgatorio,* unten das *Inferno.* Aber auch der *Turm von Babel* (Gen 11,1–9): hoch hinaus zu wollen und zu können, aus gottgleicher Höhe abzustürzen in die alltägliche Welt aus Verstehen und Missverstehen. *Soaring,* im Englischen das Segeln oder Gleiten durch die Nutzung von Aufwinden, *to soar* und *to crash,* das sind die Verben, die in allen drei Kapiteln vorkommen. Als condition humaine, als Existenzial, als Wesen.

Alle drei Kapitel beginnen auch mit derselben Konstruktion: *You put together two things that have not been put together before. And the world is changed.* Luftfahrt und Fotografie kommen zusammen, und plötzlich kann man die Welt von oben betrachten. Nadar tut das. Der Pionier und die Schauspielerin, zwei Exzentriker und Exoten, kommen zusammen, und in ihren Dialogen entstehen neue Verhaltensmuster, Einschätzungen, Rollen. Ein Mann und eine Frau kommen zusammen, Julian Barnes und Pat Kavanagh, und in vierzig Ehejahren entsteht eine Welt. Was immer so zusammenkommt und Neues gebiert, kann abstürzen und stürzt auch ab.

Hinter dem Zusammenbringen dessen, was bislang nicht zusammengehörte, steckt *soaring,* des Menschen Hang, sich mit Aufwinden in unbekannte Höhen hinauftragen zu lassen. Doch immer lauert der crash. Die frühe Luftfahrt wird zum Gleichnis vom Menschlichen, das sich zwischen *soaring* und *crashing* bewegt. Das Verhältnis der beiden Exzentriker ebenfalls, das Menschsein als die Lust beschreibt, Übliches, Mittelmässiges, Gewöhnliches zu überwinden. Zwei Gleichnisse über das Vergessen der Schwerkraft, das Erleben der Freiheit, den Sturz aus dem Glück. Mit ihnen versteht Barnes seine eigene Erfahrung.

Kunst, Religion und *Liebe* werden nebeneinandergestellt: als die drei Gebiete des *soaring* und *crashing.* In diesen Gebieten, findet er, gebe es die Aufwinde, die einen hochfahren lassen und zum Segeln und Gleiten bringen. Sie halten auch den Absturz bereit, wenn der Aufwind ausbleibt. Barnes hat ihn traumatisch miterlebt. Nur 37 Tage vergingen zwischen der Diagnose des Hirntumors und dem Tod seiner Frau. Ein Sturz in bodenlose Trauer.

Und das Gebiet der *Religion?* Welches soaring und crashing erlebe ich dort? Was hält sie mir ohne mein Zutun bereit? *You put together two things that have not been put together before. And the world is changed.* Passiert dies nicht auch im Fall des Glaubens? *Gnade* kommt zur *Sünde,* und die Welt ist verändert. Leben zum Tod, Vergebung zur Schuld. Das dekliniert sich. Kann das veränderte *Erdenwesen* nicht mehr abstürzen? Die Frage steht im Raum. Die Antwort auf sie wäre, wenn es sie gäbe, selbst wohl auch wieder hochfliegend und *emporschwingend.*

Aboriginal Creation myths tell of the legendary totemic beings who had wandered over the continent in the Dreamtime, singing out the name of everything that crossed their path – birds, animals, plants, rocks, waterholes – and so singing the world into existence.

Schöpfungsmythen der Aborigines berichten von den legendären totemistischen Wesen, die einst in der Traumzeit über den Kontinent wanderten und singend alles benannten, was ihre Wege kreuzte – Vögel, Tiere, Pflanzen, Felsen, Wasserlöcher –, und so die Welt ins Dasein sangen.

Bruce Chatwin,
The Songlines,
englisch 1987.

WAS NIEMAND SINGT, GIBT ES NICHT. Was es gibt, wurde mal gesungen. Nicht erschaffen, sondern *ins Dasein gesungen* ist die Welt: Der Weg eines Totems schafft die *Songlines*, die Australien überziehen wie ein Netz. Im Traum erfährt jeder *Aborigine*, was sein Totem und also sein Urahn ist, zu wem er verwandtschaftlich gehört wie Bruder oder Schwester, von welchem Clan er ein Mitglied ist, in welche Geheimnisse er initiiert wird, welche *Songline* durch ganz Australien seinen Weg bestimmt, welche Lieder er als seine Lieder immer wieder zu singen hat.

Die einmal ersungene Welt muss immer wieder ersungen werden. An heiligen Orten, wo die Songlines sich kreuzen. Durch Eingeweihte und Hüter des Geheimnisses: Wird niemand initiiert, vergeht eine Welt. Hat ein Totem keine Nachfahren, stirbt er aus. Durchkreuzt eine Autostrasse die Songline, verstummt sie. Verschwindet ein *Sacred Place* im Tagebau einer ausbeuterischen Firma, bricht die Kommunikation zwischen Einst und Jetzt und Dann für immer zusammen.

Wer in Australien unterwegs ist, begegnet ihnen nur selten. Den Schwarzen, die vor den Weissen dort waren. Überall informieren Tafeln darüber, welcher Stamm der Ureinwohner gerade dort zu Hause ist, wie die Sprache heisst, die sie gerade sprechen, wie der Ort, an dem man gerade steht, oft ein *Sacred Place*. Doch man sieht sie nicht. Eine eigene Fahne haben sie, die auf öffentlichen Häusern flattert. Auf dem Zweidollarstück ist einer zu sehen. Ein Aktivist für die Rechte der *Aborigines* ist auf der Fünfzigdollarnote porträtiert. Doch man sieht sie nicht. Immer wieder mal gibt es ein Zentrum für die Kunst der Ureinwohner oder eine Galerie mit Bildern von namhaften Künstlern. Doch man sieht sie nicht. Fast nicht. Kaum.

Als ich dort war, kam es mir vor wie ein *clash of cultures*, den es nicht geben darf, aber gibt. Der australische Staat bekämpft zwar mit grösster Intensität die Einfuhr unaustralischer Pflanzen und Tiere, um die endemische Flora und Fauna zu schützen. Selbst die Einfuhr unaustralischer Erde an den Sohlen wird geahndet. Da wird mit äusserster Akribie ein Riesenbiotop geschützt. Die endemische Spezies Mensch aber, *Aborigine* genannt, wird versteckt oder versteckt sich selbst. Haben sie aufgehört zu singen? Ersingt sie keiner mehr? Ersingen sie keinen mehr? Ist ein gemeinsames Lied der Schwarzen und Weissen nicht möglich?

Da bildete *JHWH, der Gott, aus dem Erdboden alle Tiere des Feldes und alle Vögel des Himmels und brachte sie zum Menschen, um zu sehen, wie er sie nennen würde, und ganz wie der Mensch als lebendiges Wesen sie nennen würde, so sollten sie heissen. Und der Mensch gab allem Vieh und allen Vögeln des Himmels und allen Tieren des Feldes Namen.* (Gen 2,19–20) Anders ist hier, dass Gott alles bildet, aber ähnlich, dass der Mensch alles Geschaffene *ernennt*. Dieses *Ernennen* wird auch als *Erspielen* mit einem Instrument oder als *Ersingen* mit der eigenen Stimme verstanden: So spielte oder sang die *Weisheit* als Ersterschaffene, während der Schöpfer alles Weitere erschuf (Spr 8,30–31). Seither ist Ersingen das Mittel gegen Vergessen, Ernennen das Mittel gegen Verstecken.

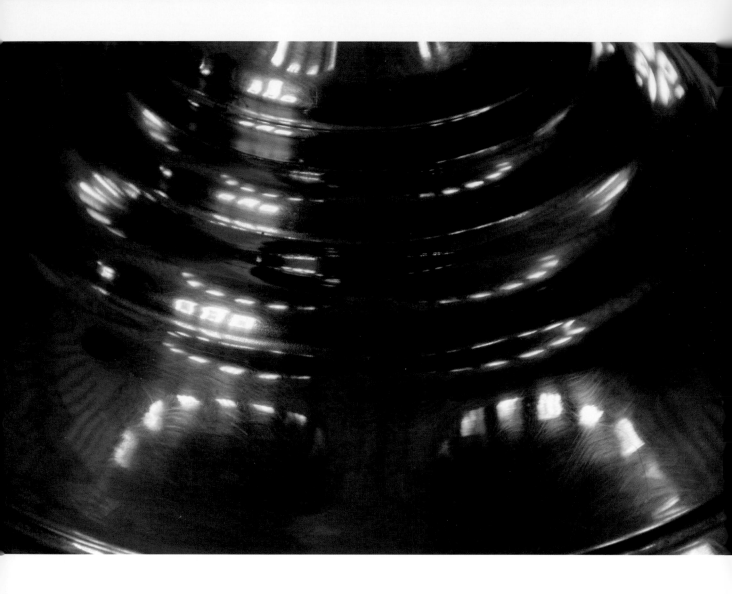

Für einen Künstler,
hat er gesagt, ist es
schrecklich und unerträglich,
wenn er dazu ermutigt wird,
nur sein Nächstbestes zu
geben und dafür noch Beifall
bekommt. Durch die ganze
Welt, hat er gesagt, schallt
unablässig der eine Schrei aus
dem Herzen des Künstlers:
Erlaubt mir doch, dass
ich mein Äusserstes gebe!

Tania Blixen,
Babettes Gastmahl,
dänisch 1958.

1987 WURDE AUS DER NOVELLE BABETTES GÆSTEBUD EIN KINOFILM.
1988 gewann er als *bester fremdsprachiger Film* den Oscar. Wer ihn gesehen hat, weiss, wer hier, ganz am Ende der Novelle, redet, wen er zitiert und zu wem er spricht.

Es spricht Babette, eine Haushälterin, die 1872 ins norwegische Exil gegangen war, denn sie war ein Mitglied der aufständischen Pariser Kommune. Die Schwestern Martina und Philippa, die von ihrem strengen Vater, dem Gründer einer pietistischen Sekte, nach Luther und Melanchthon benannt waren, hatten ihr Unterschlupf gewährt und sie angestellt. Nachdem sie die schönsten Mädchen des Dorfs gewesen waren, aber aus Rücksicht auf den Vater je eine Liebesaffäre hatten sausen lassen, sind sie inzwischen ältere Jungfern und die Leitfiguren ihrer frommen Gemeinde. Babette ist schon länger bei ihnen, als sie überraschend einen hohen Lotteriegewinn erzielt, mit dem sie nach Frankreich zurückkehren könnte, um ein neues Leben aufzubauen. Zu derselben Zeit jährt sich der Geburtstag des Vaters und Gemeindegründers, und Babette bietet an, für alle ein französisches Diner zu kochen, denn sie ist Köchin von Beruf und will sich für das gewährte Asyl bedanken. Es wird ihr gnädig gewährt. Sie lässt alle Zutaten aus Frankreich kommen und trägt fürstlich auf. Die Gemeinde aber sitzt steif und mit versteinerter Miene. Niemand lobt die hervorragende Köchin. Erst nach viel Wein lassen einige ihre fromme Erziehung fahren. Verdrängte Lust tritt zutage. Ungestillte Sinnlichkeit wird wach.

Babette zitiert hier jenen französischen Opernsänger, der einst von Philippa einen Korb erhalten und später Babette mit einem Empfehlungsschreiben nach Norwegen vermittelt hatte. Als Künstler des Singens hatte er etwas gesagt, das Babette als Künstlerin des Kochens nun kongenial erlebt: Wie *schrecklich und unerträglich* es ist, wenn von der Kunst nur das Zweitbeste erwartet und nur das Mediokre beklatscht wird, das Beste aber verboten bleibt.

Philippa ist es, die Babette nun endlich mal zuhört. Die jetzt erstmals nachvollzieht, welches Glück damit verbunden ist, Bestes zu leisten und Bestes zu geniessen. Die realisiert, auf welches Glück sie aus kleinlicher Moral und falschem Gehorsam verzichtet hat. Die erkennt, dass Babette ihren ganzen Lotteriegewinn in dieses Diner gesteckt hat und nun nicht mehr nach Frankreich zurückkehren kann. Die am Ende der Novelle ihre eigentliche Bekehrung erlebt: *Ein Gefühl sagt mir, Babette, dass dies nicht das Ende ist. Im Paradies wirst du die grosse Künstlerin sein, als die Gott dich schuf. Und ein Entzücken, Babette, für die Engel!*

Nein! Gott, der Menschen wunderbar begabt, kann nicht wollen, dass Begabungen fürs *Entzücken* der *Engel* aufgespart werden. Gott, der seine Geschöpfe mit Talenten ausstattet, will, dass mit ihnen produktiv umgegangen wird (Mt 25,14–30). Gott, der alles auch erschaffen hat, damit der Mensch es geniesse und beim Geniessen Glück empfinde (Ps 104,13–15), will auch, dass der Mensch sich das Gute und seine Lust am Guten gönnt (Qoh 2,24).

Ja! *Die ganze Welt* zu hören und in ihr stets *das Äusserste zu geben*, ist nicht immer möglich und bleibt ein letztes Versprechen. Für den Tag, an dem *alle Völker* zum Gottesberg pilgern, um dort friedlich *ein fettes Mahl* zu geniessen, *ein Mahl mit alten Weinen* (Jes 25,6). Ein Galadiner, von Gott gekocht. Oder am Ende gar von Babette?

Hier stockt die Zeit,
sie staut sich.
Eigentlich müsste ich
missmutig werden über
so viel Zeit.

David Wagner,
Leben, 2013.

EINE HERRLICHE BESONDERHEIT auf Schweizer Bahnhöfen ist die Schweizer Bahnhofsuhr. Ihr Sekundenzeiger *stockt* ein ganz klein wenig, bevor er oben ankommt und die nächste Minute beginnt. Wer es weiss und diesen unmöglichen Zeiger liebt, könnte vor lauter Spass seinen Zug verpassen. Aber natürlich ist es nur der Zeiger, der *stockt,* nur die Anzeige der Wirklichkeit, die das Unmögliche möglich erscheinen lässt. Nicht die Wirklichkeit selbst. Die ist unerbittlich genau. So muss denn auch die berühmte Bahnhofsuhr jede der nächsten fünfundfünfzig Sekunden um ein My schneller verstreichen lassen, um die schöne Stockung auf den letzten fünf Sekunden unbemerkt wieder aufzuholen. Denn in Wirklichkeit *stockt* sie nie, *die Zeit.*

Stimmt das? Ist nicht auch die Zeit konstruiert? Jedenfalls ihre minutiöse, ihre objektive, ihre exakte Verlaufsform. Eine weltweite Konvention. Die regelmässige Justierung um Sekundenbruchteile eingeschlossen. Wir brauchen diese Unerbittlichkeit des Objektiven. Was wären unsere Planungen, Vereinbarungen, Unternehmungen ohne die Exaktheit von Flugplänen, Laufzeiten und Lohnzahlungen? Wo käme man ohne sie hin? Wenn es stimmt, dass Zürich weltweit die schnellste Stadt ist, die City also, in der die Laufgeschwindigkeit der Passanten die höchste ist, dann sind wir auch am unerbittlichsten mit der Objektivität der Zeit. Was wären unsere Verträge, Sitzungen, Stundenpläne ohne Pünktlichkeit? Die sympathische Bahnhofsuhr unterstreicht als Ausnahme nur die Unerbittlichkeit der Regel. Wir wollen das so.

Was aber, wenn unser Wille nicht mehr zählt? Im Abschnitt 33 von 277 einer Krankheitsgeschichte erscheint Zeit wie ein Element. David Wagner benutzt ein Bild, das an Wasser erinnert: Zeit, die sonst im Fluss ist, *staut sich.* Ihr Fliessen gerät ins *Stocken.* Ein Wehr hemmt ihren Fluss. Ihre Gleichmässigkeit ist unterbrochen. So ist sie nicht mehr verlässlich, die Zeit. Pläne geraten durcheinander. Im Fall des Ich-Erzählers in diesem Roman ist das allerdings bereits passiert: Er ist todkrank und liegt im Spital. Wieder mal hat ihm sein Körper übel mitgespielt. Notfallmässig ist er eingeliefert worden. Er hat eine Autoimmunschwäche. Sein Körper macht seine Leber kaputt. Seit Langem schon. Nun geht es nicht mehr weiter. Er muss eine neue Leber haben. Im Spital wartet er auf den Tod eines Spenders. Auf ein neues *Leben.*

Im Warten staut sich die Zeit. Der Abschnitt 92 von 277 besteht nur aus dem Satz *Ich warte,* 126mal, und er endet ohne Punkt. Wer verstünde nicht, dass einer da *missmutig* werden kann! Alle, die einmal wegen einer grösseren Sache im Spital gelegen sind, werden den Ich-Erzähler gut verstehen. Verkabelt und verschlaucht im Bett zu liegen, vor Schmerzen nicht lesen oder schlafen zu können, in allem auf Hilfe angewiesen zu sein: Da wird Zeit zur Qual. Sie überschwemmt einen. Man ertrinkt in ihr. Nichts geht mehr. Vor allem ist sie nur noch subjektiv. Der Sekundenzeiger stockt nicht nur, er bleibt hängen.

Mir fiel, als ich mal in einer solchen Lage war, der Psalm 90 ein, ein Gedicht über die Zeit, die nicht mir gehört, sondern Gott: *Noch ehe Berge geboren wurden / und Erde und Erdkreis in Wehen lagen, / bist du, Gott, von Ewigkeit zu Ewigkeit.* (Ps 90,2) Zeit ist hier nicht minutiös, objektiv, exakt. Sie ist subjektiv. Gott ist ihr Subjekt. Er hatte sie schon konstruiert, bevor er alles andere konstruierte. *In deinen Augen sind tausend Jahre / wie der gestrige Tag, wenn er vorüber ist, / und wie eine Wache in der Nacht.* (Ps 90,4) Im Stocken der Zeit könnte Gott begegnen, fiel mir ein. In ihrem Stau wäre sie seine Zeit. Eine Gottesüberschwemmung. Wäre herrlich. Stimmt das?

Man müsste es erreichen

Dass man den Schmerz ver-
wandelt

In eine reine Melodie,

Die nicht mehr von uns
handelt,

Dass nur wer liebt und uns
nicht kennt,

Das unterdrückte Wehe!

In einem kleinen Nebenwort

Als seinen Schmerz verstehe.

Eva Strittmatter,
Melodie, 1975.

OB DAS ZU *ERREICHEN* IST, lässt Eva Strittmatter bewusst offen. *Schmerz* in ein Lied verwandeln, Pein in eine *Melodie,* Leiden in Musik. Ob jemand das schafft, bleibt unbeantwortet. Vielleicht wäre die Antwort darauf auch gar nicht hilfreich, sondern eher banal. Würde sie Ja sagen, ja, das geht, so wäre der Text kein Gedicht mehr, sondern der Werbeprospekt für eine therapeutische Praxis. Würde sie Nein sagen, nein, das geht nicht, so wäre der Text weder Gedicht noch Prospekt, sondern ein Muster für literarischen Kitsch.

So aber, in der Offenheit der Frage, nährt Eva Strittmatter meine Einbildungskraft und meine Vorstellungen. Darin liegt wohl das Therapeutische und Literarische dieses Gedichts. Es setzt mir einen Gedanken in mein Denksystem, eine Laus in meinen Pelz, einen Floh in mein Ohr. Nun kann ich mich an ihm abarbeiten. Die Laus rückt mir auf den Leib, und der Floh raunt mir Unerhörtes zu. Ich imaginiere.

Wäre doch gut, dem Schmerz nicht allen Raum im Leben zu geben und ihn nicht das ganze Dasein dominieren zu lassen. Gut, wieder von ihm loszukommen und nicht selbstmitleidig zu werden. Gut auch, ihn für andere zu einem Gewinn zu machen. Er hätte mich dann nicht mehr im Griff, sondern erklänge anderswo. Als *reine Melodie,* die sich einer pfeift, oder als liebes Lied, das sich eine singt. *Rein* würde heissen: Ohne die Stigmatisierungen, die der Schmerz auf meiner Haut und in meiner Seele hinterlassen hat. Erfahrung ohne mein Erleben. Die Melodie sänge nicht von mir, sondern vom Wesen des Menschen, zu dem Schmerz, Leiden und Pein gehören. Ich gäbe sie weg, und allen wären sie nützlich. Allen?

Wäre doch gut, raunt der Floh mir zu, wenn diese Melodie singen könnte, *wer liebt.* Nicht alle also, sondern nur die Liebenden, sie hätten etwas von meinem Erleben, das zur *reinen* Erfahrung geworden wäre. Sie würden aus der Melodie auch ein *Wehe!* heraushören. Nicht als vorherrschenden Ton, aber als Begleitmelodie, vielleicht als *blue note,* als *Dreck,* wie die Jazzer die enttäuschte Hörerwartung nennen, die musikalische Minderung der normalerweise zu erwartenden Note. Wieso Liebende? Sie sollen *das unterdrückte Wehe!,* kaum hörbar ist es, *als ihren Schmerz verstehen.* Solchen, die nicht lieben, wird es nicht vernehmbar. Sie sind taub für die *blue note.* Wer aber liebt, hat jene Sensibilität, mit der Zwischentöne wahrgenommen werden. Das soll er wohl, raunt mir der Floh zu, damit die Liebe stark werde. Ein leiser Weheruf gehört ins Liebeslied. Sonst ist es Kitsch.

Die Offenheit der Frage lässt meiner Vorstellungskraft sogar den Spielraum, mir Schmerz aus Liebe und Liebe aus Schmerz biblisch zu denken: *Denn so hat Gott die Welt geliebt, dass er den einzigen Sohn gab, damit jeder, der an ihn glaubt, nicht verloren gehe, sondern ewiges Leben habe.* (Joh 3,16) Wurde nicht der Schmerz des Jesus zum *Gewinn* für alle Liebenden? Wurde er nicht *verwandelt in eine reine Melodie,* die seither alle singen, die lieben? Wurde nicht Liebe dadurch so stark gemacht wie der Tod, so dass das Todeserlebnis des einen das Leben aller anderen ermöglicht? Vorausgesetzt, sie lieben. Vorausgesetzt, sie vernehmen den Dreck in der *reinen Melodie.* Vorausgesetzt, sie lieben die *blue note.*

Eva Strittmatters Laus hat meine Theologenhaut gebissen. Ihr Floh hat mir mehr ins Ohr geraunt, als sie ahnen konnte. Aber so ist das mit guten Melodien.

Veni, Sancte Spiritus,

reple tuorum corda fidelium,

et tui amoris in eis ignem
accende,

qui per diversitatem
linguarum cunctarum

gentes in unitate fidei
congregasti.

Komm, Heiliger Geist,

füll die Herzen deiner
Gläubigen,

und entzünd das Feuer deiner
Liebe in ihnen,

der du bei der Verschiedenheit aller Sprachen

die Völker in der Einheit des
Glaubens versammelt hast.

*Anonym, Antiphonarium Benedic-
tinum, lateinisch um 1400.*

DIVERSITAS UND *UNITAS* IN DEMSELBEN GEDICHT. Das ist aktuell. *Verschiedenheit* zeigt sich am unmittelbarsten in den *Sprachen* und *Einheit* am erlebbars-
ten im *Glauben*. Benediktinische Mönche haben diese Sequenz, als es noch flächen-
deckend Klöster gab, stellvertretend für alle Menschen gesungen: die dreizeilige
Bitte um das Wirken des Geistes, der wirkt wie Wind und Feuer (1Kön 19,11–13;
Apg 2,1–4), und die zweizeilige Beschreibung des Wunders, das noch immer *Liebe*
heisst. Das ist auch nach sechshundert Jahren so aktuell wie eh und je. Auch ohne
Klöster und Mönche.

Warum das aktuell ist? Medialität und Mobilität haben die ganze Welt über-
schaubar und erreichbar gemacht. Sie ist in Bewegung geraten. In Krisen bricht
sie auf. Menschen verlassen zu Millionen ihre brennende und hungernde Heimat.
Kommen dort an, wo sie Nahrung und Schutz vermuten. Bringen die Vielfalt ihrer
Muttersprachen mit. Wohnen mit ihnen im Sprachgewirr. Sind Konkurrenten um
Schutzplätze. Leben ihr Babylon.

Menschen bringen immer auch ihr kulturelles Kapital mit: Was ihre Herkunfts-
kultur ausmacht, deren Ausdruckspalette, deren Kunst. Anderes können sie, als die
Kultur ihrer Gastgeber kann. Die Muttersprache wäre das Medium, der Herkunfts-
kultur Ausdruck zu verleihen. Doch was nützt sie in Babylon? Wer kann zuhören?
Wer will? Ebenso bringen Menschen immer auch ihr religiöses Potenzial mit: Was
ihre Herkunftsreligion ausmacht, deren Denkweisen und Haltungen, deren Bin-
dung. Ausserhalb Europas gibt es kaum jemand, der behaupten würde, man könne
ohne Religion leben. Sie ist die Vatersprache des Menschen. Doch was nützt sie in
Babylon? Wer will sie verstehen? Wer traut ihr?

Die benediktinische Sequenz ist so neu wie alt, so aktuell wie traditionell. Die
unitas fidei ist zuerst eine *unitas amoris!* Einheit im Glauben nicht denkbar ohne
Einheit in der Liebe! Wer nicht in der Lage ist, das ganz Andere, das Fremde im
Fremden, das vom Eigenen Unterschiedene zu lieben, und zwar so zu lieben, wie es
daherkommt und gerade eben erscheint, der kann nicht erwarten, dass das Eigene
in Religion, Glaube und Spiritualität respektiert wird. Von *Integration* zu reden,
hat dann keinen Sinn. *Integer* bedeutet unversehrt, unverletzt, ungeschwächt.
Wer seine hungernde und brennende Heimat verlassen musste, um zu überleben,
kommt versehrt, verletzt, geschwächt in der Fremde an. Nur Liebe kann ihn heilen.
Eine wirkliche und nachhaltige *restitutio ad integrum,* die Wiederherstellung von
Unversehrtheit, ist nur durch Liebe möglich, durch *unitas amoris.*

Den Fremden zu lieben, bevor man ihn versteht: ihn zu kleiden, ihm zu essen
zu geben, ihm Dach, Bett, Schutz zu gewähren. Das Fremde anzunehmen, bevor
man es überschaut: Muttersprachen zu hören, Vatersprachen zu entdecken, kulturelles Kapital und religiöses Potenzial zu respektieren. Dazu braucht es zuerst
Liebe, dann natürlich auch Logistik. Wo nur Logistik ist und nicht Liebe, geschieht
bestenfalls *reparatio* und nicht *integratio*. Wo aber Liebe ist, kann sich auch *unitas
fidei* ereignen, pfingstliche Einheit trotz muttersprachlicher und vatersprachli-
cher Verschiedenheit. Liebe lohnt sich, als Sequenz und Konsequenz: *Veni, Sancte
Spiritus!*

Die Gedanken sind frei,

Wer kann sie erraten?

Sie rauschen vorbei

Wie nächtliche Schatten.

Kein Mensch kann sie wissen,

Kein Jäger sie schiessen;

Es bleibet dabei,

Die Gedanken sind frei.

Anonym,
Des Knaben Wunderhorn,
um 1780.

WER KENNT SIE NICHT, DIESE STROPHE? Sophie Scholl soll sie ihrem Vater auf der Flöte vorgespielt haben, abends im August 1942 und unten an der Gefängnismauer, nachdem er von den Nazis verhaftet worden war. Ernst Reuter hat sie zitiert, in einer Rede im September 1948, als er dreihunderttausend eingeschlossenen Berlinern Mut machte. Dean Read sang sie 1972, Leonhard Cohen 1976, Konstantin Wecker 2015. Erstmals war sie um 1780 auf Flugblättern zu lesen, dann 1808 in der Liedersammlung von Arnim und Brentano, kurz drauf als *Schweizerlied* in den *Liedern der Brienzer Mädchen.* Die Herkunft blieb anonym, doch Text und Melodie sind seit den Epochen der Helvetik in der Schweiz und der Reaktion in Deutschland auf vielen Gassen unterwegs.

Eine uralte Kulturerfahrung der Menschheit findet hier Ausdruck: Tyrannen und Diktatoren können jede kulturelle Manifestation zerstören oder verbieten, ob mit Bücherverbrennungen oder Bilderstürmen. Das aber bleibt unzerstörbar, was der Mensch im Kopf hat, ob auswendig gelernt oder gerade eben erfunden. Mündliches Wort und gesungenes Lied bleiben unausrottbar. Welche Kraft!

Aber nur, solange mündliche Traditionsarbeit funktioniert. Während der Jahrhunderte unter englischer Vorherrschaft hatte sich in Irland eine reiche mündliche Kultur entwickelt. Erzählerinnen wanderten während des Winters von Kate zu Kate, um aufmüpfige Märchen zu verbreiten, und in abgelegenen Pubs gab es am Wochenende *Singsongs,* zu denen jeder reihum sein Lied beitrug. Irinnen und Iren hatten im Widerstand gegen die Übermacht hochstehende Formen der Mündlichkeit entwickelt. Während der Jahrzehnte unter pseudosozialistischer Unterdrückung hatte sich in der DDR eine Kultur guter Witze entwickelt, die von Mund zu Ohr und von Ohr zu Mund durch die Bezirke wanderten. Gut ausgebildet in allen Sparten der Kleinkunst konnten sich Kulturschaffende trickreich und verschmitzt gegen ihre eigenen Ausbildner wenden, mit gesungenen Balladen oder stummen Pantomimen. *Wer kann sie erraten?* Das war in Irland über Jahrhunderte und in der DDR über Jahrzehnte die heimliche Frage.

Mündliche Kultur kennt die List des Überwinterns unter widrigsten Umständen. Ihre Produkte sind *Schatten.* Sie sind flüchtig. Auch im Alten Testament. Listgeschichten sind dort gesammelt, mit denen man sich in Zeiten der Unterdrückung mündlich Mut gemacht hat: zum Beispiel die über Ehud, der weiss, wie man sich trickreich eines Ausbeuters entledigt (Ri 3,15–26). Oder die über Simson, der vorführt, wie man nicht zum Opfer gebrochener Versprechen wird (Ri 15,1–8). Oder die bekannte Listgeschichte über David, der zeigt, wie man einer hochgerüsteten Grossmacht erfolgreich entgegentritt (1Sam 17,38–51). Ob sie sich tatsächlich ereignet haben, ist dabei völlig uninteressant. Die Kraft liegt in der Aussage, dass List stärker ist als jede Macht und Freiheit stärker als jede Ausrüstung. Israel in Ägypten oder Jerusalem in Babylon, Jesus vor Pilatus oder Paulus in Rom. Immer konnten die Gewaltigen zerstören, entführen, aushungern, morden, aber nie ist es gelungen, Gedanken am Überwintern zu hindern.

Gedanken können nicht *erschossen* werden. Man kann sie nur vergessen. Daran aber sind in der Regel nicht die Gewaltigen schuld, sondern diejenigen, die Gedanken nicht pflegen, nicht erzählen, nicht überliefern. Kultur stirbt nicht durch Gewalt, sondern durch Gedankenlosigkeit. Auch die biblische, auch die christliche, auch die kirchliche.

> Es ist nun geklärt,
> dass die Sehnsucht nach
> der Seligkeit uns mit
> unserer Natur mitgegeben ist,
> nicht aber mit der Natur
> des Fleisches oder der
> Leidenschaften, sondern
> durch die Ebenbildlichkeit,
> die uns der Werkmeister
> Gott eingeprägt hat.
>
> *Huldrych Zwingli, Die Klarheit*
> *und Gewissheit des Wortes*
> *Gottes, 1522.*

KLÄRUNG IST GUT. Huldrych Zwingli predigt 1522 bei den Dominikanerinnen im Zürcher Kloster Oetenbach. Die Bettelorden sind stark in Zürich. Sie bekämpfen Zwinglis reformerische These, die Autorität in Glaubensfragen liege einzig und allein bei der Bibel und nirgends sonst. Damit missachtet er den Anspruch der römischen Kirche, als Mittlerin zwischen Gott und Mensch alle Autorität auf sich zu vereinen: Wie die Bibel zu verstehen ist, worüber theologisch nachgedacht wird, was rechtlich gilt in der Kirche, welche Verbindlichkeiten das tägliche Leben bestimmen, das alles legte die Kirche fest und mit ihr die kirchliche Tradition. Zwingli lehnt das ab. Die Orden bekämpfen ihn heftig. Der Rat beruft die erste Disputation ein. Zwingli setzt sich durch. Nun soll er in Oetenbach mit seiner Predigt zur Klärung beitragen.

Klärung ist besser. Die Frage stellt sich nämlich, wieso der Mensch auch ohne Kirche die Bibel verstehen kann. Das ist ja das Reformerische: Um Gottes Wort zu verstehen, braucht der Mensch keine vermittelnde Autoritäten. In Zwinglis Augen soll er religiös erwachsen werden, mündig sein und selbst denken. Ja, er darf seinen Glauben nicht mal delegieren. Als Erwachsener trägt er auch im Glauben Verantwortung. Wer mündig ist, kann reden, und wer redet, kann antworten. Mündigkeit heisst, dass Hören, Verstehen und Verantworten zusammengehören.

Klärung ist am besten. Zwinglis positive These heisst: Gott, der verstanden werden will, ermöglicht selbst, dass der Mensch ihn verstehen kann. Er gibt sich selbst zu verstehen. Wie? Zwingli liest in der Bibel, dass jeder Mensch Geschöpf des Schöpfers ist und der Schöpfer ihn nach seinem eigenen Bild erschaffen hat. Gott hat ihn gottförmig und gottgemäss erschaffen. Für den Einzelnen erfahrbar und für andere erkennbar ist das aber nicht am Leib: *nicht mit der Natur des Fleisches.* Einzig in Christus ist Gott selbst Fleisch geworden. Kein anderer Mensch ist wie er Gott. Ebenso wenig ist dies erfahrbar und erkennbar an der Seele: *nicht mit der Natur der Leidenschaften.* Der Schöpfer hat zwar alles Geschaffene beseelt, aber in nichts Geschaffenem sitzt Gott in Gestalt seiner Seele. Wie denn nun? *Die Ebenbildlichkeit, die uns der Werkmeister Gott eingeprägt hat,* ist für den Einzelnen erfahrbar und für andere erkennbar am Geist! Gottesgeist und Menschengeist korrespondieren miteinander. Das menschliche Vermögen, in der Bibel Gott reden zu hören und ihn zu verstehen, ist von Gott verliehen: dem Geschöpf vom Schöpfer mitgegeben, vom göttlichen Geist dem menschlichen Geist gewährt.

Was nebenbei auch geklärt ist: Glaube ist *Sehnsucht nach der Seligkeit.* Gottförmig und gottgemäss geschaffen, sehnt sich der Mensch nach Glück, nach Seligkeit, nach Glückseligkeit. Vom frühkirchlichen Augustin übernimmt der reformatorische Zwingli die Vorstellung, Gott habe den Menschen auf sich hin erschaffen, und alle Unruhe im Menschen sei Sehnsucht nach Ruhe in Gott. Vielleicht ist dies nebenbei Geklärte heute das Wertvollste: Glaube ist Sehnsucht. Nicht nach Heiligen oder Ikonen, Kirchen oder Klöstern, Geboten oder Dogmen, nein, Sehnsucht nach Seligkeit, nach Ruhe in Gott, nach Ankommen und Zuhausesein. Das Reformerische an Zwingli ist ja gerade, dass nicht die Kirche Glauben fordern darf, sondern einzig und allein Gott. Sein Geist sagt es meinem Geist.

Für die Dominikanerinnen von Oetenbach ist übrigens alles klar: Sie verlassen das Kloster, das 1525 aufgehoben wird.

Freúnd, du dénkst dir,
es máche der Bárt dich zum
Weísen; deswégen

légst du dies Wédelgerät
gégen die Fliégen dir zú.

Schneíd ihn dir rásch wieder
áb! Ich ráte dir dríngend.
Denn weíse

mácht dich dein Bárt nicht, er
bríngt lédiglich Läuse dir eín.

Ammianos,
Anthologia Palatina,
griechisch,
gesammelt um 900–1000 n. Chr.

WER AMMIANOS WAR, weiss niemand. *Anthologia Palatina* ist der Name eines Codex, der im zehnten Jahrhundert in Konstantinopel entstanden ist und 3'765 Epigramme aus 1'500 Jahren griechischer Literaturgeschichte versammelt. Eine *Blütenlese* von *Aufschriften.* Ursprünglich war das Epigramm auf einer Gabe, einem Grab, einem Denkmal zu lesen. Als literarischer Sinnspruch hat es sich vom ersten Ort gelöst und behandelt alles und jedes im Leben. Immer hat es nur einen Gegenstand, der meist in den zwei Zeilen eines *Distichons* aus *Hexameter,* dem Sechser, und Pentameter, dem Fünfer, abgehandelt wird. Epigramme waren zum Auswendiglernen gedacht. Bei passender Gelegenheit liess man sie einfliessen in ein Gespräch. Der *bon mot* einer *causerie* mit *esprit.* Das Epigramm des unbekannten Ammianos besteht aus zwei Distichen. Es hat den *Bart* zum Gegenstand.

Ich stelle mir eine linke Kommune in den Siebzigerjahren vor, eine abendliche Kiffer-Party, und plötzlich gibt einer der Kommunarden, dem selbst noch kein Bart wächst, dieses Epigramm zum Besten. Oder eine Gruppe orthodoxer Juden am Sabbat, und auf einmal erzählt ein Junger, der noch aufs Gymnasium geht, von diesem Spruch. Oder ein Harley-Davidson-Meeting, an dem wilde Opas sich mit wilden Enkeln treffen, jeder auf seiner blitzenden und röhrenden Maschine, und nebenbei rezitiert einer im aufgedrehten Radio, Spass eines schrägen Moderators, diese Distichen. Oder der Stammtisch älterer Bauern im Appenzellerland, dem die Wirtin gerade eine neue Runde Bier bringt, während am Fernsehen ein Schläuling aus dem Unterland über Epigramme referiert. Nein, ich stelle es mir lieber nicht vor.

Keine Sorge! Für derlei ist ein Epigramm nicht vorgesehen. Wäre ja nicht nur unfreundlich, sondern regelrecht böse. Wäre eine Verhöhnung von Kommunarden, Frommen, Töffbrüdern, Senioren. Diese *Aufschrift* kann nicht am behandelten Gegenstand hängen, wie heute die Waschanleitung an einer Jacke oder Hose hängt, die man gerade gekauft hat. Nein, dieser Sinnspruch nutzt einen *Bart* aus, der ungepflegt ist, schmutzig und stinkig, der *Fliegen* und *Läuse* anzieht und mit einem *Wedelgerät* belüftet werden muss, damit das Ungeziefer wieder geht oder gar nicht erst kommt. Er benutzt ihn für eine Weisheit, die sich mit ihm einprägsam verbildlichen lässt. Dieses Epigramm ist ein Sinnbild.

Wofür? Der Bart *macht* so wenig einen Weisen, wie eine Schwalbe den Frühling macht. Klar, der Weise der Antike hatte einen Bart, wie man unschwer auf allen Darstellungen von Aristoteles, Platon und Diogenes erkennen kann, aber auch auf denen von Jesus, Paulus und Petrus. Klar, der Frühling ist gekommen, wenn die Schwalben zurückgekehrt sind, wenn sie balzen und brüten. Wer aber meint, der Bart *mache* einen Weisen oder eine Schwalbe den Frühling, schliesst vom Detail aufs Ganze, vom Kleinen aufs Grosse, vom Äusserlichen aufs Wesentliche: *de minore ad maius.* Und ist der Schluss erst mal gezogen, dann ist das Grosse vom Kleinen schnell überwältigt, konsumiert, aufgefressen. Dann folgt der Rückschluss, und der Bart ist rasch die *ganze* Weisheit und die eine Schwalbe der *ganze* Frühling. Schlimmer noch, dann meinen viele, einer mit Bart sei immer weise und einer ohne nie.

Solche Schlüsse sind gefährlich. Ein Kopftuch *macht* keine Muslima, ein Talar keinen Pfarrer, ein Tattoo keine Eskapistin, ein Doktortitel keinen Gescheiten, eine Kippa keinen Juden. Wesen ist anders als Schein. Scheinen allein zieht nur Ungeziefer an.

Ich bin, wie Sie geschlossen haben werden, kein Mensch, der falsche Aufgeregtheit oder vorgetäuschte Neuerungen braucht. Dennoch bin ich bereit, den Fahrplan zu zerreissen und neue Wege zu nehmen, und ich weiss, in einer unwahrscheinlichen Endstation werde ich eine Hand finden, die dazu bestimmt ist, in meiner zu ruhen.

Hilary Mantel, Endstation, englisch 2014.

DAS ENDE EINER GESCHICHTE. Die Erzählerin sieht in einem Zug, der parallel zu ihrem eigenen in die City von London fährt, ihren toten Vater sitzen. Der andere Zug ist um weniges schneller. Ihr Vater kommt ihr jünger vor. Er wird früher ankommen als sie und anders sein als ihre Erinnerung. Sie ist erschüttert, aber ihr will keine Begebenheit einfallen, die sie mit ihrem Vater verbindet. Sie geht in sich, aber ihr will kein Vorhaben in den Sinn kommen, das ihn nach London fahren lässt. Sie meint, ihn tot im anderen Zug gesehen zu haben, doch nun sucht sie ihn in der *Waterloo Station,* fragt sich aber, wer von den Tausenden, die hier in einem scheinbar ferngesteuerten Rhythmus vorbeiströmen, eigentlich lebendig ist und wer tot. Sie findet ihren Vater nicht, bis ihr plötzlich der Gedanke kommt, er könnte incognito unterwegs sein und unerkannt bleiben wollen. Da beschliesst sie, wie immer ihrer Wege zu gehen, doch für alle Fälle kauft sie sich ein Päckchen Papiertaschentücher.

Dies erzählt die Erzählerin mir. Sie spricht mich mit *Sie* an. Ich werde Zeuge einer Erschütterung im Getriebe ihres metropolitanen Alltags. Täglich sitzt sie im Zug, kommt in Waterloo an, geht zu ihrer Arbeit. Doch heute passiert das Unerwartete: Sie findet ihren verlorenen Vater, ob er es nun ist oder nicht, ob er nun tot ist oder lebendig, tut nichts zur Sache. Sie findet den Verlorenen und verliert den Gefundenen. Zur selben Zeit. Im Moment des Findens wird ihr seine Verlorenheit bewusst, die auch ihre eigene Verlorenheit ist. Vater und Tochter sind einander seit langem fremd geworden. Keine Geschichten verbinden sie, kein Verstehen bringt ihn zu ihr zurück. Nichts haben sie miteinander zu tun. Beide fahren *incognito.* Nur mir gegenüber bleibt sie nicht versteckt. Mir vertraut sie sich an. Respektvoll per *Sie.*

Das Ende einer Geschichte. Ich sehe in der täglichen *rush hour* eine Tragödie aufblitzen. Für gerade mal eine Viertelstunde. Eine Tochter meint, in einem Unbekannten ihren entfremdeten Vater zu erkennen. Stellt sich vor, Erinnerung und Verstehen zwischen ihr und ihm könnten sich einstellen. Macht sich auf, ihn zu finden im Strom des Berufsverkehrs. Landet, bevor sie ihren gewohnten Weg wieder aufnimmt, an einem Kiosk, wo sie nicht ihn, aber Papiertaschentücher findet. Nach Jahren findet sie ihr Verlieren und verliert ihr Finden. Das Ende ihrer Vatergeschichte ist gekommen. Sie ist jetzt vaterlos. Ich, den sie anredet, bezeuge es ihr.

Die Tragödie der metropolitanen Entfremdung, die keiner will und die doch jeden trifft, die sich in der Anonymität der Massen täglich ereignet, nolens volens, diese Tragödie hat am Ende der Geschichte ein *Dennoch:* Die Erzählerin hat soeben erfahren, dass sie etwas kann, von dem sie nichts wusste. Sie kann im unaufhaltsamen Strom der *rush hour* innehalten. Ob durch Halluzination, Verwechslung oder Tagtraum dazu getrieben, sie kann ihren *Fahrplan zerreissen* und *neue Wege nehmen.* Plötzlich weiss sie, das soeben Erfahrene hochgerechnet, dass es eine *Endstation* geben wird, ein *Finden* und ein *Ruhen.* Dieses Wissen ist prekär: Es pendelt zwischen *Unwahrscheinlichkeit* und *Bestimmung.* Es ist Hoffen wider alle Hoffnung. Es glaubt.

So hofft das Ende dieser Geschichte, die *Endstation* heisst, wie das Ende jener Geschichte, die *Altes Testament* heisst: *Er wird das Herz der Vorfahren wieder zu den Nachkommen bringen und das Herz der Nachkommen zu den Vorfahren.* (Mal 3,24) Herz wird zu Herz finden, Hand in Hand ruhen. Der Anfang einer Geschichte.

Unwort der Jahrtausende
blutbesudelt und missbraucht

und darum endlich zu löschen

aus dem Vokabular der
Menschheit

Redeverbot von Gott

getilgt werde sein Name

die Erinnerung an ihn
vergehe

wie auf Erden so im Himmel

wenn unsre Sprache aber

dann ganz gottlos ist

in welchem Wort

wird unser Heimweh wohnen

wem schreien wir noch

den Weltschmerz entgegen

und wen loben wir

für das Licht

Andreas Knapp,
Gott, 2005.

SEIT 1991 GIBT ES DAS DEUTSCHE UNWORT DES JAHRES. 2016 war es der Volksverräter, 2015 der *Gutmensch,* 2014 die *Lügenpresse,* 2013 der *Sozialtourismus.* Stets werden mit ihm Gruppierungen pauschal denunziert, diffamiert und stigmatisiert. Ob linke Politiker, engagierte Freiwillige, kritische Journalisten oder unerwünschte Migranten, das *Unwort des Jahres* stempelt sie. Das *Unwort der Jahrtausende* aber ist international und polyglott. Es braucht keine Jury. *Gott* wird seit eh und je in allen Zungen denunziert, diffamiert und stigmatisiert.

Blutbesudelt und missbraucht sei das Jahrtausendwort *Gott.* Sind die *Heiligen Kriege* gemeint? In der hebräischen Bibel heissen sie *Krieg Jahwes,* und die mutmasslich ältesten Texte verherrlichen ihn, so das *Mirjamlied* (Ex 15,21): *Singt Jahwe, denn hoch hat er sich erhoben, / Pferd und Reiter hat er ins Meer geschleudert.* In der römischen Antike ist es das *bellum iustum,* dessen Eröffnung nach priesterlichem Recht zu geschehen hat und an dessen Erfolg man das Mass göttlicher Unterstützung erkennt. Im hohen Mittelalter sind es die *Kreuzzüge* zur Befreiung Jerusalems von den Muslimen, deren erster von 1095 bereits unter dem provenzalischen Slogan steht: *Dieux el volt.* Im Gefolge von Reformation und Gegenreformation sind es die konfessionellen *Religionskriege,* etwa der Dreissigjährige 1618–48, die jeweils theologisch legitimiert werden, so 1530 im Artikel 16 der *Confessio Augustana,* nach dem die Obrigkeit *rechtmässige Kriege* führen darf: *iure bellare.* Im Islam ist es das Konzept des *Djihad,* nach Koran und Sunna der Kampf *al-ǧihādu fī sabīli Llāh,* also *auf dem Weg Gottes.* Ob Gott selbst Krieg führt, oder ob mit seinem Segen, nach seinem Willen, in seinem Namen oder auf seinem Weg Krieg geführt wird: Vergossenes Blut wird im Voraus wie im Nachhinein von Gott her legitimiert. Jemand rechtfertigt es aus seinem Mund. Einer mimt Gottes Stimme. So fällt das Blut auf ihn zurück. Blut klebt am Wort Gott.

In der zweiten Strophe spielt Andreas Knapp das *Löschen* des derart besudelten Worts durch, ausgerechnet als Parodie auf das Hauptgebet zu Gott, das Unservater: *Getilgt werde sein Name* statt *geheiligt werde dein Name. Die Erinnerung an ihn vergehe* statt *dein Reich komme. Wie auf Erden so im Himmel* statt *wie im Himmel so auf Erden.* Der Gelöschte und Getilgte wird nicht mehr angesprochen. Er ist weg. Die Lösung der Erde gilt auch für den Himmel. Sie diktiert.

Ein *Vokabular,* das ohne das Wort *Gott* auskommt, eine *Sprache,* die Gott losgeworden ist, eine *Menschheit,* die das *Unwort* endlich gelöscht hat, verdammt sich zu falschem Schweigen. Warum? Weil das bezeichnende Wort, wenn es verschwindet, den bezeichneten Fall, auf den es verweist, nicht einfach mitnimmt. Der Fall Gott ist unbenommen und ungelöscht. Gott ist der Fall, meint Knapp, wenn ein Mensch *Heimweh* hat, wenn ihn *Weltschmerz* plagt oder *Licht* erfüllt. Gott ist der Fall, wenn ein Mensch sich sehnt, wenn er leidet oder leuchtet. Gott braucht das Wort *Gott* nicht, um der Fall zu sein. Besudelung und Missbrauch des Worts betreffen nicht seinen Fall. Zumal, wenn sie geschehen, weil einer sich anstelle Gottes göttlich gibt, als sei er selbst jener Fall. Gott, der hinter *Gott* der Fall ist, lächelt, wenn Gott, der vor Gott diskreditiert ist, gelöscht werden soll. *Not in my name!* Der Mensch aber macht sich mundtot statt die Kriegstreiber zu denunzieren, zu diffamieren, zu stigmatisieren.

Bei einem Abendspaziergang
vor mir her hüpfend
die einbeinige Amsel.

In welchem Krieg
war sie? Pflegte jemand
die Wunde? Hat wer
ihr Nest zerstört?
Wo kroch sie unter?

Sie fliegt ins
Schwarzdorngebüsch.
Ich pfeife hinüber:
Amsel Einfuss!
Sie trillert zurück

Stefan Reichert,
Halber Tag in der Fremde, 1983.

KONVERSATION MIT EINER AMSEL. *Die einbeinige Amsel* und der einsame Dichter. Sie *hüpft* vor ihm *her.* Er sinnt ihr nach. Er *pfeift hinüber. Sie trillert zurück.* Die Eingliedrige und der Einsilbige, ein schräges Paar. In der inneren Rede des Dichters wird die Amsel zum Freund, der mit nur einem Bein aus dem Krieg zurückgekehrt ist.

In welchem Krieg er war, ist dabei wohl egal. Ob Korea oder Algerien, Vietnam oder Afghanistan, Irak oder Syrien: Krieg ist Krieg. Menschen werden verwundet, verlieren den Boden unter den Füssen, kehren völlig anders zurück, als sie ausgezogen sind. Jeder Krieg ist zerstörerisch. Kein Kriegszug ist ein *Abendspaziergang.* Was kann auf einem Kriegsschauplatz jemals gut gewesen sein? Das *ius ad bellum* steht hier infrage: Ob es überhaupt ein Recht geben kann, Krieg zu führen und Menschen in den Krieg ziehen zu lassen.

Ob *jemand die Wunde pflegte,* ist dabei gar nicht egal. In jedem Krieg werden auch Krankenhäuser bombardiert, Medikamente zurückgehalten, Ärzte drangsaliert. Kein Fall von Korea bis Syrien, in dem das *Internationale Rote Kreuz* nicht auf der Einhaltung der *Genfer Konvention* bestehen muss. Das *ius in bello* steht hier infrage: Ob es, wenn Krieg schon sein muss, wenigstens menschlich angemessen in ihm zu und her geht und die Regeln der Kriegsführung eingehalten werden.

Konversation mit einer Amsel. Sie antwortet nicht, in welchem Krieg sie war, und sicher hat niemand ihre Wunde gepflegt. Der sinnierende Dichter kommt vom kleinen Vogel auf den grossen Krieg, aber auch auf die prekäre Zeit danach. Noch einmal fliegt er mit dem Vogel zurück.

Ob inzwischen jemand *ihr Nest zerstört* hat, fragt er sich und denkt wohl an die Nachkriegszeit und die Rückkehr der Soldaten aus der Gefangenschaft. Städte liegen in Trümmern, Adressen sind verschwunden, Elternhäuser zerstört. Die Frage des Wiederaufbaus ist gestellt und wer ihn leisten kann, wenn Menschen verwundet und versehrt sind.

Wo kroch sie unter?, stellt die Frage des Asyls. Der Möglichkeit, bei Verwandten oder Freunden unterzukommen, oder, wenn es sie nicht gibt, bei Fremden. Auch dies eine immerwährende Geschichte, seit es Kriege gibt. Das Unterkriechen nach dem Krieg betrifft von Korea bis Syrien nicht nur die Kriegsversehrten, sondern alle Veteranen. Kaum einer Kriegspartei gelingt es, ihre Männer und Frauen nach geleisteten Diensten ehrenhaft und menschenwürdig unterzubringen, am wenigsten jener, die vor dem Krieg das meiste Pathos verströmt hat.

Die einbeinige Amsel und der einsilbige Dichter. Beide ermöglichen einen weiten Blick auf den grossen Krieg: auf seine Berechtigung und die Gerechtigkeit in ihm, auf den Wiederaufbau der Häuser und die Humanität der Gastgeber.

Plötzlich aber die Zäsur. Die Amsel *fliegt ins Schwarzdorngebüsch.* Nun ist sie ganz und gar Amsel, kann sie doch, was der Mensch nicht kann: einfach davonfliegen, als ob Beine unwichtig wären, und rasch im Dickicht verschwinden, als ob Dornen sie nicht stechen könnten. Und sie kann ein Drittes, das der Mensch eigentlich auch kann, in Bedrängnis und Not aber verlernt: balzen. Die Einbeinige ist ein Singvogel. Abends spürt sie den Frühling besonders. Sie ruft nach dem Weibchen. Die andere Konversation. Glaubt der sinnierende Dichter tatsächlich, er sei gemeint?

I believe in the flesh and
the appetites,

Seeing hearing and feeling
are miracles, and each part
and tag of me is a miracle.

Divine am I inside and out,
and I make holy whatever I
touch or am touched from;

The scent of these arm-pits is
aroma finer than prayer,

This head is more than
churches or bibles or creeds.

Walt Whitman,
Song of Myself,
amerikanisch 1855.

AUF KEINER MEINER REISEN war er so allgegenwärtig wie auf der letzten: der *Selfie-Stick.* Er ist ein Kultgegenstand dieser Jahre, eine postmoderne Devotionalie, ein Fetisch. Er macht doppelt unabhängig. Von anderen, die man nun nicht mehr bitten muss, ob sie einen fotografieren. Von sich selbst, der nun nicht mehr in akrobatischer Haltung und optischer Verzerrung zugleich als Fotografierender und Fotografierter sichtbar ist. Das *Selfie* wird durch den *Selfie-Stick,* was es sein soll: autonom und solipsistisch. Die Religion des Selbst ist mit ihm bei sich angekommen. Als ob kein anderer als nur ich selbst von mir sagen könnte, wer ich bin.

So allgegenwärtig war der Selfie-Stick auf der letzten Reise, dass überwältigende Landschaften, faszinierende Bauten, inspirierende Szenen in den Hintergrund traten. Durch den Selfie-Stick werden sie zur Tapete, vor denen sich stets dieselbe Person ablichtet, zur Kulisse, in der sie sich immer auf dieselbe Art inszeniert, zur Cinecittà, in der sie ewiger Star ist im ewigen Film, fast schon die *Hall of Fame.* Das Ich überwältigt die Landschaft, fasziniert sich durch sich selbst, ist inspiriert vom eigenen Geist. Die Ferienreise wird durch Tapeten rekonstruierbar. Die neue Welt dient dem alten Ich als Kulisse. Das Ich ist sein eigener Priester und Jünger. Als ob ich mich ohne Selfie-Stick verlöre und mich nur mit ihm meiner selbst vergewissern könnte.

Wie anders der *Song of Myself,* mit dem Walt Whitman ganze Generationen zum Deklamieren brachte. Was immer in diesem achtzig Seiten langen Epos gepriesen wird, mal so hymnisch, dass mir die Luft fehlt, mal so meditativ, dass ich innehalte und durchatme, was immer Whitman über sich sagt, sagt er zugleich über das ganze Dasein und alles Leben. Indem er sich beschreibt, beschreibt er das Leben. Indem er sich besingt, besingt er das Dasein. Indem er sich huldigt, als stünde er selbst auf dem Altar, Verehrender und Verehrter zugleich, huldigt er dem Göttlichen, das Leben ist und Leben schafft. Der Weg des Dichters zu sich selbst endet nicht in der Sackgasse der Verselbstung und des Solipsismus, sondern führt ihn über sich hinaus.

Das Verlangen, das den Menschen treibt, ist nie zu stillen, sondern zieht ihn lebenslänglich von sich weg. Das Wunder, das der Mensch ist, ist nicht abzulichten, sondern verweist auf Grösseres. Whitman ist getrieben von dem, was die Romantik Sehnsucht nennt, Ahndung oder *Sinn und Geschmack fürs Unendliche.* Er geht aufs Ganze: *I believe a leaf of grass is no less than the journey work of the stars. Er vertraut der Schöpfung: All truths wait in all things.* Sinnlichkeit und Sinn gehören ihm zuhauf: *I believe in the flesh and the appetites.*

So besingt Whitman, was Calvin in seiner Dogmatik voraussetzt: Wer sich erkennt, erkennt Gott. Denn *kein Mensch* kann *sich selbst betrachten, ohne sogleich seine Sinne darauf zu richten, Gott anzuschauen, in dem er doch lebt und webt. Denn all die Gaben, die unseren Besitz ausmachen, haben wir ja offenkundig gar nicht von uns selber.* So sagt der Selfie-Stick nichts über Gott und nichts über den Menschen. Er ist ein Fetisch ohne Kraft, eine Devotionalie ohne Grund, eine *Vogelscheuche im Gurkenfeld,* würde Jeremia nach Luther sagen.

Was Whitman nicht macht: Er vergibt seinen *appetite* nicht an dessen Stillung durch kirchlich vorgeschriebene Ernährung. P*rayer, church, bible, creeds* sind nicht falsch, sie ersetzen aber nicht die Sehnsucht, den Hunger nach Sinn, die Lust auf Leben.

Es bedurfte der Vermittlung der Schlange: das Böse kann den Menschen verführen, aber nicht Mensch werden.

Franz Kafka,
Betrachtungen über
den wahren Weg, 1920.

BETRACHTUNG 51. Eine von 109 *Betrachtungen über den wahren Weg*. Damit ist um einen Wert die heilige Zahl 108 überschritten, die im Hinduismus und Buddhismus immer wieder für Wahrheiten und Wege steht. Absicht oder nicht, mit diesem Aphorismus bezieht sich Kafka klar auf die Bibel (Gen 3,1–7).

Adam und Eva liessen sich von der Schlange *verführen.* Wider besseres Wissen. Sie kannten ja das Verbot. Die Schlange aber kannte den Inhalt des Verbotenen. Sie wusste, was Erkenntnis von Gut und Böse bedeutet. Adam und Eva hatten von Gott gesagt bekommen, diese Erkenntnis bedeute, sterben zu müssen (Gen 1,17). Das wussten sie also. Die Schlange aber wusste, dass diese Erkenntnis auch bedeuten würde, wie Gott zu sein und Gut und Böse erkennen zu können. *Das Böse,* das die Schlange den Menschen *vermittelt* hat, lag darin, dass allein Gott Gut und Böse zu erkennen vermag, *ohne* dabei zu sterben oder andere sterben zu lassen. Das konnte *nur* Gott, und das hat die Schlange Adam und Eva *nicht* gesagt. Wie Gott sein, das kann der Mensch also. Aber wie Gott sein, ohne den Tod über sich und andere zu bringen, das kann er nicht.

Kafkas theologische Folgerung liegt in der Denkbewegung jener biblischen Texte, zu denen die Urgeschichten gehören, aber auch die emanzipierte Weisheitsliteratur, die Prophetie, Jesus und Paulus. Es ist die *dialektische* Denkbewegung. Gut und Böse unterscheiden zu können, ist gut, solange dies Vermögen nicht dazu verführt, Gott sein zu wollen. Führt es aber dazu, dann ist genau dasselbe, das gut ist, auch böse. Es bringt dann Tod über den Menschen. Die Schlange hat also auch etwas Gutes vermittelt: Die Einsicht, dass der Mensch dazu *verführbar* ist, Gott sein zu wollen.

Vermutlich zeigt sich dies am deutlichsten, wenn er andere Menschen beurteilt. Etwa im dualistischen Schema von Schwarz und Weiss: hier die schwarzen Schafe, die nichts als böse sind, und dort die weissen, die nichts als gut sind. Oder im Schema der Sippenhaftung: wie böse einer, so böse alle von derselben Religion, und wie gut einer, so gut alle von derselben Rasse. So zu denken und zu reden, geht nur mit der hybriden Anmassung, Gott zu sein, und sagt nur etwas über den, der so denkt und redet, nämlich dass er *verführt* ist. Die Schlange hat gesiegt. Menschen werden stigmatisiert und leiden. Kafkas Unterscheidung weist dialektisch den richtigen Weg: *Das Böse kann nicht Mensch werden.* Es gibt *das* Böse, aber nicht *den* Bösen. Keiner ist exklusiv gut oder böse. Der Nur-Gute wäre wie der Nur-Böse göttlich.

So, wie Aphorismus 51 der 109 *Betrachtungen über den wahren Weg* formuliert ist, löst er auch eine spiegelverkehrte Assoziation aus. *Es bedurfte der Vermittlung* Jesu Christi: das Gute *kann den Menschen* versöhnen, denn es ist Mensch geworden. Der Versuchung des Menschen, Gott werden zu wollen und den Standpunkt des schlechthin Guten und schlechthin Bösen einzunehmen, antwortet der Wille Gottes, Mensch zu werden und die Dialektik von Gut und Böse zu erleben. Jesus hat, im biblischen Bild gedacht, der Schlange *den Kopf zertreten* (Gen 3,15) und den Menschen von der Versuchung befreit, Gott werden zu wollen, man kann sogar sagen: vom Zwang, Gott sein zu müssen. Gott wurde Mensch, damit der Mensch Mensch werde. Er hat ihn mit sich versöhnt.

Aufgeklärte Rechtsprechung weiss das auch. Generalverdacht und Sippenhaftung sind heute unzulässig. Menschen, die nichts als gut sind, gibt es so wenig, wie Menschen, die nichts als böse sind. Primitives Anschwärzen aber gibt es, leider.

Völker der Erde,

zerstöret nicht das Weltall
der Worte,

zerschneidet nicht mit den
Messern des Hasses

den Laut, der mit dem Atem
zugleich geboren wurde.

Völker der Erde,

O dass nicht Einer Tod meine,
wenn er Leben sagt -

und nicht einer Blut, wenn er
Wiege spricht –

Nelly Sachs,
Sternverdunkelung, 1949.

SOGAR EIN MANIFEST AN DIE *Völker der Erde* hat sie geschrieben, als sässe sie im Genfer *Völkerbund,* den es seit 1946 gerade nicht mehr gab. Dabei war sie doch nur eine kleine, scheue, zarte, fast eine zerbrechliche Person. In einem gewöhnlichen Mietshaus nahe dem Berliner Wittenbergplatz ist sie aufgewachsen, eine kleine Tafel erinnert heute daran. 1940 konnte sie in letzter Minute nach Schweden flüchten, mithilfe weniger Freunde, darunter Selma Lagerlöf. Mit ihrem Judentum wurde sie erst durch die Nationalsozialisten konfrontiert, aber mit einem solch grossen Erfolg, dass sie 1966 den Nobelpreis erhielt *für ihre hervorragenden lyrischen und dramatischen Werke, die das Schicksal Israels mit ergreifender Deutlichkeit interpretieren.* 1960 wagte sie sich zur Verleihung des Droste-Preises nach Meersburg, aber über die Schweiz. Im Zürcher *Storchen* traf sie Paul Celan. Kaum war sie nach Schweden zurückgekehrt, kam sie für drei Jahre in die Psychiatrie. Die wenigen Schritte auf deutschem Boden hatten sie doch noch zerbrechen lassen. 1970 starb sie, am selben Tag, an dem Paul Celan beerdigt wurde.

Ihre ganze Kraft war in ihre Gedichte geflossen. In ihnen hatte sie eine grosse, mutige, starke, fast eine prophetische Stimme. In ihrer Sprache hatte sie die Heimat gefunden, die ihr im Alltag genommen worden war und die sie trotz guten Freunden nicht wiederfand. *Wort, Laut und Atem* wurden ihre Zuflucht, nun nicht mehr an bestimmte Räume und bestimmte Zeiten gebunden. Mit ihnen wurde sie universell und zeitlos. So aber wurden auch ihr Schicksal, das der Jüdin Nelly Sachs, und das Schicksal ihres Volkes, dasjenige Israels, universell und zeitlos. Es spricht zu jedem Menschen und zu allen Völkern. Mit Nelly Sachs spricht *der* Mensch.

Durch seine Sprache hat jeder teil am *Weltall der Worte.* Vom *Atem* des soeben Geborenen, das *Laut* gibt, ohne etwas zu verstehen, bis zu den grossen Umlaufbahnen der *Laute* im Universum, die medial Verständigung und Verstehen ermöglichen, gibt es die eine grosse Gemeinsamkeit: Sprache ist Leben, Sprachlosigkeit ist Tod. Nelly Sachs macht vor allem ein Laster aus, das sprachzersetzend wirkt, den *Hass,* im Mittelalter eine der *Sieben Todsünden.* Hasserfüllte Sprache, gehässiges Reden, hässliche Wörter nimmt sie wahr wie ein Gemetzel. Sie zerschneiden brutal, was natürlich gewachsen ist. Demagogische Reden etwa, die sie in den Dreissigern durch den *Volksempfänger* mitgehört hat. Schon paraverbal waren sie messerscharf.

Die beiden Beispiele, die sie dann aber nennt, sind viel subtiler. Bei ihnen fliesst kein Blut. Sie sind aber nicht weniger einschneidend und zersetzend. Mit *Leben* für *Tod* und *Wiege* für *Blut* spricht sie das Vokabular ideologisch gesteuerter Sprache an, das Victor Klemperer 1947 in seinem gleichnamigen Buch *LTI* genannt hat: *Lingua Tertii Imperii, die Sprache des Dritten Reichs.* Gewöhnliche Wörter wie *stolz* oder *sonnig* verliessen ihre natürliche Umgebung, sagt er, und gerieten in eine ideologische, wenn die Anzeige für den gefallenen Sohn mit *in stolzer Trauer* beginne oder die Beschreibung *sonnig* immer bei blauäugigen Buben und blonden Mädchen vorkomme. In Auschwitz befahl man Gefangenen, sich auszuziehen, weil es in die *Dusche* gehe, aber es ging in die *Gaskammer.* Daher das mutige Manifest dieser scheuen Frau: *Völker der Erde, lasset die Worte an ihrer Quelle, denn sie sind es, die die Horizonte in die wahren Himmel rücken können.*

Seit wir nur noch wenig miteinander reden, Reinhard, erholen wir uns von Sommer zu Sommer besser. Unsere Ernährung ist reich an Vitalstoffen. Promenaden bei Vollmond aber lassen wir besser weg. Besser, wir halten uns an das Normale. Der Pudel amüsiert uns, ein spassiger Kerl. Das Meer ist fast schön. Viel Obst, viel Übereinstimmung, viel Ruhe.

Gabriele Wohmann,
Verjährt, 1965.

DAS KURZE ENDE EINER KURZGESCHICHTE. Sie macht mit langen Jahren kurzen Prozess. *Verjährt.* Und kommt doch jährlich wieder, dieselbe Kurzgeschichte. Als wären Ferienwochen im Lebensjahr, was Passionswochen im Kirchenjahr sind.

Zwei ältere Ehepaare am Meer. Man kennt sich seit Langem, weiss alles voneinander, muss nur noch auf Varianten achten. Jedes Jahr derselbe Urlaub an demselben Ort. Jedes Jahr dieselben Gänge und vergnüglichen Ausflüge von denselben benachbarten Strandhütten aus. Jedes Jahr minimale Überraschungen im ritualisierten Begehen einer lange schon entschärften Welt. Hier ist es der Pudel, der *spassige Kerl,* der im öden Einerlei lebendig ist, während die Menschen unwirklich wirken wie Schemen im Nebel. Die vier langen Wochen einer furchtbaren Weile. Alle Jahre wieder.

Die namenlose Frau der einen Strandhütte sinniert über die Nachbarn in der anderen Strandhütte. Über deren Beziehung, so aber auch über ihre eigene Beziehung. Vor ihrem Auge entsteht die kurze Geschichte einer langen Weile. Zwischendurch spricht sie ihren Mann an, *Reinhard,* der zwar einen Namen hat, selbst aber nichts sagt. Sie erwartet auch nicht, dass er etwas sagt.

Ein erzähltes Schweigen, unter dem es rumort und mottet und gärt. Ein verschwiegenes Leben, das wurmt und bohrt und plagt. Da hatte ein Vater sein Kind überfahren, der Mutter Vorwürfe gemacht, sich selbst freigesprochen. Da war eine Mutter dem Alkohol erlegen und abgründigem Hass. Da hatte sich ein Mann eine jüngere Geliebte geholt, die Selbstmord beging, es blieb offen, wieso. Da hatte aber auch eine andere Mutter einen Unfall verursacht, sich in eine neue Beziehung geflüchtet und mit diesem anderen Mann ein Kind gezeugt, das vom eigenen Mann im eigenen Haus dann nicht geduldet wurde. Unter der Decke des Immergleichen lauern die unentschärften Tellerminen gemeinsamer Vergangenheiten. *Verjährt?*

Nichts wird hier vergeben, und nichts geht hier vergessen. Damit keine der Minen plötzlich doch noch losgeht, wird alles gedeckelt und verhüllt. Gute Ernährung und frische Luft sorgen für äusseren Ausgleich. Geteilte Rituale und diszipliniertes Schweigen sorgen für innere Ruhe. Diese Passion ohne Leidenschaft führt zu keinem Karfreitag und zu keinen Ostern. Nichts stirbt hier, dem vergeben wäre, und nichts lebt hier, das befreit wäre. Wo aber nichts lebt und nichts stirbt, ist nur der Pudel glücklich. Selbst das Meer ist nur *fast schön.* Vor allem bleibt undenkbar, was seit eh und je riskant ist: die *Promenaden bei Vollmond.*

Gabriele Wohmann lässt derlei unpassioniertes und langgeweiltes Leben für *normal* erklären, jedenfalls für *besser* als jederlei Abenteuer, in dem alte Minen zum Risiko würden. Minen für entschärft zu erklären, die noch scharf sind, Geschichten für beendet zu erklären, die noch motten, Ferien für erholsam zu erklären, in denen sich keine Wunde je erholt, Leben für verjährt zu halten, in dem nichts vergeben und befreit ist, ja, vielleicht ist das *normal.* Welchen Sinn hätte sonst die alte Verheissung: *Verschlingen wird er auf diesem Berg die Hülle, die Hülle über allen Völkern, und die Decke, die über alle Nationen gedeckt ist. Den Tod hat er für immer verschlungen, und die Tränen wird Gott der Herr von allen Gesichtern wischen.* (Jes 25,7–8a) *Promenaden bei Vollmond* soll es also ganz ohne das Risiko von Tellerminen geben.

Es genügt nicht, jemanden zu lieben. Man muss ihn mutig lieben, dass weder Diebe noch Pläne, noch Gesetze, himmlische oder irdische, etwas gegen diese Liebe ausrichten können. Wir haben einander nicht mutig geliebt ...

Sándor Márai,
Das Vermächtnis der Eszter, unga-
risch 1939.

BEI MANCHEN GELEGENHEITEN, Hochzeiten etwa, wird sie unheimlich gern beschworen. In manchen Musikgattungen, Schlagern etwa, wird sie atemberaubend grell besungen. Von manchen Institutionen, Kirchen etwa, wird sie entsetzlich oft reklamiert: die Liebe. Als ob es keine hohen Scheidungsraten gäbe. Als ob es keine Qualitätskriterien für Kunst gäbe. Als ob es keine Liebeserfahrungen ausserhalb institutioneller Vorstellungen gäbe. Kitsch gibt es, biografischen, medialen, auch institutionellen. Weichgespülte Liebe, die geschönt ins Familienalbum passt, samstäglich ins Familienprogramm, pfarrherrlich ins Fotoshooting vor der renovierten Dorfkirche, ist Kitsch, den viele verherrlichen. Bis das Leben ihn Lügen straft. Todsicher.

Eszter, Sándor Márais Titelheldin, hatte eine grosse und einzige Liebe erlebt, aber sie war einem Hochstapler erlegen. Der Roman ist ihre Aufarbeitung. Hier erzählt sie ihre Erfahrung. Ein *Vermächtnis* für Leserinnen und Leser soll ihr Bericht sein. Der zitierte Satz, der Form nach eine allgemeine Schlussfolgerung, die sie dann auch persönlich auf sich bezieht, ist ein solches Vermächtnis: Eszter spricht nicht von *der* Liebe, die zur erhabenen Figur stilisiert wird, zur göttlichen Allegorie verbildlicht, zur philosophischen Hypostase erhoben, Vorgänge, die sie immer auch geeignet machen für Kitsch aller Art, nein, Eszter spricht vom Lieben als Vorgang, und sie fügt ihm ein Adverb bei: *Mutig muss man lieben.*

Mutig ist wohl das Gegenteil von weichgespült. Wer liebt, muss *Dieben, Plänen, Gesetzen* standhalten. Muss mutig Menschen entgegentreten, die in die Beziehung einbrechen, Vorstellungen, die sie ausbeuten, Institutionen, die sie regulieren wollen. Muss mutig kämpfen gegen alles, was etwas *gegen diese Liebe ausrichten* kann. Ja, sogar so mutig muss man den Geliebten lieben, dass man bereit ist, sich gegen religiöse Gesetze zu stellen. Der Mut, den Eszter fordert, geht aufs Ganze. Und das Ganze ist Leben oder Tod. Und beide haben eine göttliche Qualität. Mutig ist, wer mit Härte rechnet, *himmlischer oder irdischer.*

Sándor Márai lasst seine Heldin nicht ohne Absicht eine Anleihe bei Paulus machen: *Ich bin mir gewiss: Weder Tod noch Leben, weder Engel noch Mächte, weder Gegenwärtiges noch Zukünftiges noch Gewalten, weder Hohes noch Tiefes noch irgendein anderes Geschöpf vermag uns zu scheiden von der Liebe Gottes, die in Christus Jesus ist, unserem Herrn.* (Röm 8,38–39) Sind also diese Verse nicht erst bei jener Kasualie zu lesen, die *Abdankung* heisst, zum Trost, wenn alle Beziehungen vorbei sind, sondern bereits bei jener, die *Trauung* heisst, zur Ermutigung, bevor die eine Beziehung richtig losgeht? Ist also die Weise, wie Gott die Menschen liebt, ebenso *mutig,* wie Eszters Vermächtnis sie Menschen empfiehlt, wenn sie lieben? Ist am Ende das Lieben unteilbar dasselbe, mithin eine göttliche Kraft, die Menschen nicht nur tröstet, sondern auch ermutigt? Der Spitzensatz in der Sammlung erotischer Liebesgedichte, die *Lied der Lieder* heisst, legt dies ebenso nahe: *Stark wie der Tod ist die Liebe, hart wie das Totenreich die Leidenschaft. Feuerglut ist ihre Glut, Flamme des Herrn. Gewaltige Wasser können die Liebe nicht löschen, und Ströme schwemmen sie nicht fort.* (Hld 8,6)

Mutige Liebe ist dem Tod gewachsen, weichgespülte erliegt ihm. Wer glaubt, würde Paulus denken, kann mutig lieben. Wer liebt, würde das Lied der Lieder singen, kann mutig glauben. Eszter jedenfalls, die mutlos geliebte, empfiehlt Mut statt Kitsch.

Und Er war überall,

Die erstorbene Erde

Lebte mit einemmal

Wieder von seiner schönen
Gebärde!

Er ging wie ein Säer.

Der linde Wind

Kam mit dem Heitern der
Hände näher

Sonderbar blind.

Das Herz spürte

Sein Mantelwehn,

An die Tränen der Jünger
rührte

Himmlisch Vorübergehn.

In den Augensternen

Vertausendfacht

Schritt er durch Fernen

Der ganz verwandelten
Frühlingsnacht.

Albin Zollinger,
Der Auferstandene, 1936.

AUF KEINER BANKNOTE ist er zu sehen und war doch ein ganz Grosser: Albin Zollinger. Vor allem in seiner Lyrik, die einen reich beschenkt. Keiner seiner Gedichtbände hat sich jemals gut verkauft, und sind doch alle Perlen Schweizer Lyrik: hier der Band *Sternfrühe*, von dem bis zu Zollingers Tod 1941 gerade mal 192 Exemplare auf Interesse gestossen sind. Den Patrioten seiner Zürcher Umgebung war er zu sozialistisch, den Linken zu lyrisch: in brodelnder Zeit kontemplativ und scheinbar unpolitisch, wie hier zu Ostern 1936 in der *Zürcher Illustrierten*.

Scheinbar. Dieser *Auferstandene* ist ein Namenloser, ein Ätherischer, ein Universaler. Keine Jesusfalle schnappt zu. Ein gross geschriebener *Er* ist er, der allen und niemandem gehört, über die Welt weht wie ein Wind, *durch Fernen* schreitet und seine Wirkung *vertausendfacht*. Keine fromme Moral macht ihn klebrig. Der Menschgewordene und Gottgebliebene ist überall und in *Fernen*, zugleich aber nah wie eine *Gebärde*, wie *Hände*, und *näher* wie das *Herz*, wie *Augensterne*. Keine institutionelle Vereinnahmung schreibt ihn fest. Zollinger ist kontemplativ, indem er Kreuz und Auferstehung auf Pfingsten hin meditiert: Der Auferstandene *verwandelt* sich in die hebräische *ruach*, das griechische *pneuma*, den lateinischen *spiritus*, der nunmehr überall *weht, wo er will, und du hörst sein Sausen, weisst aber nicht, woher er kommt und wohin er geht.* (Joh 3,8) Zollinger ist aber auch politisch, indem er die Wirkung dieses Winds beschreibt: Er belebt *die erstorbene Erde*, er *rührt* Menschen an, er *verwandelt* die *Nacht*. Dieser *linde Wind* bewegt und verändert.

Scheinbar. Zollinger hintergeht die landläufigen Erwartungen, das Politische könne nicht kontemplativ sein und das Kontemplative nicht politisch. Dieser *Säer* sät gleich beides *vertausendfacht* aus, die Verwandlung der Herzen und die Verwandlung der Welt. Aus einem der Cafés am Zürcher Bellevue sendet der Primarlehrer von Oerlikon 1936 eine kontemplativ-politische Osterbotschaft aus: Wenn die Saat des Christus aufgeht, werden andere Saaten, die gerade jetzt aufgehen, alt aussehen.

1936 war für die Schweiz das entscheidende Jahr der *Landesausstellung* von 1939. Im Februar wurde das gestaltende Gremium bestellt, im Dezember die Doktrin formuliert, die für alle Aussteller galt: *Die LA soll ein Bild schweizerischer Eigenart und Kultur, schweizerischen Denkens und Schaffens vermitteln ... Ebenso soll sie durch Betonung des allgemein Schweizerischen und Gemeinsamen eine eindrucksvolle nationale Kundgebung sein.* Eingeklemmt zwischen dem Faschismus im Norden und Süden übte sich die kleine Schweiz in *geistiger Landesverteidigung*. Die Patrioten erlebten ihre hohe Zeit. Das Land mutierte von einer weltoffenen Zivilgesellschaft, die mindestens zweimal in ihrer Geschichte, mit der Reformation 1520–60 und mit dem Liberalismus 1840–70, mindestens die europäische Kultur bereichert hatte, zu einer nationalen Gemeinschaft, die sich fortan als Sonderfall verstand. Zollinger war ihr kontemplativ-politischer Kritiker. Weil er seine *Heimat* liebte, hasste er die *Heimattümelei*. Weil er fromm war, hasste er die Frömmelei. Der Geist von Ostern und Pfingsten macht in seinen Augen die ganze Welt zum Sonderfall, weil sie allen Heimat sein soll. Zollingers Osterbotschaft ist evangelisch und weltgewandt. Wer kauft das 193. Exemplar?

Eine konkrete Gestalt nahm das Ziel meiner Sehnsucht nicht an, nur zwei grobe Richtungen. Da war einmal der Südosten: In diese Richtung brauste weiss schäumend und immer mächtiger anschwellend der Tsomo-Fluss. Und dann war da noch der Nordwesten: Dort, hinter den zackenförmig aufragenden schneebedeckten Gipfeln, lag das weite Grasland von Songpan.

Alai, Ferne Quellen,
chinesisch 2002.

DER *TSOMO-FLUSS*, WO FLIESST ER? Das *Grasland von Songpan*, wo liegt es? Die Suche führt in den Nordwesten der chinesischen Provinz *Sichuan*. Dort leben Tibeter, wie Alai einer ist. Dort liegt das Land, das Alai aus eigener Kenntnis beschreibt. Dass er seinen Roman auf Chinesisch schreibt, obwohl er ihn auch auf Tibetisch schreiben könnte, darf man bereits als Teil seines Plots verstehen: In ihm treffen eine stille alte Welt und eine vorlaute neue Welt aufeinander. Eine alte Welt, für die *Fluss* und *Grasland* stehen, auch Gongba, der Hirt, der ausserhalb der Siedlung lebt, auch die *fernen Quellen*, von denen er dem jungen Alai erzählt: Die alte Welt der Tibeter ist dies, heute Alais verstummte und verlorene Welt. Und eine neue Welt, für die Kolchosen und Brigaden stehen, auch Tschampa, der Jugendfreund von einst, der als Kader Karriere macht und Alai nach Jahren wiederbegegnet, auch die Zerstörung der *fernen Quellen* durch seine missratene Kuranlage, die niemand nutzt: Die neue Welt der Chinesen ist dies, heute Alais tonangebende und gewonnene Welt. Rückschritt und Fortschritt, Einst und Jetzt. Die Frage stellt sich, ob ihm die Sprache der Mutter zu wertvoll ist, um diesen Verlust zu erzählen? Oder die Sprache der Sieger gerade recht, um diesen Gewinn zu bedauern?

Wasser jedenfalls ist für den jungen Alai das Medium seiner *Sehnsucht*. Woher kommt der Fluss, der irgendwo *hinter den schneebedeckten Gipfeln* entspringt? Der immer grösser und gewaltiger *schäumt* und *schwillt,* wohin fliesst er? Sehnsucht überschreitet den Gesichtskreis, transzendiert den alltäglichen Horizont, vermutet Geheimnisse hinter dem Sichtbaren, das dem Woher und Wohin wie so oft im Wege steht. Sie ist auch ein religiöses Phänomen, die Sehnsucht. Was Libido für den Geschlechtstrieb ist oder Hunger für den Ernährungstrieb oder Schutz für den Sicherungstrieb, das ist Sehnsucht für den Religionstrieb. Auch sie kann weder mit einem Mal noch für alle Male gestillt werden. Auch sie ist ein *ewiges Geschäft,* ein *perpetuum negotium,* wie die Taufe bei Luther. Auch dort fliesst es und hört nie auf zu fliessen, das *Wasser des Lebens.*

Bereits der Jugendliche flieht die Kolchose und sucht den Hirten auf, Gongba, der dort war, wo der Fluss entspringt, bei den *fernen Quellen.* Ihr Wasser könne heilen, erzählt er. Der Junge wandert tatsächlich allein auf die Passhöhe, von wo er das *Grasland* sieht, aber bis zu den Quellen kommt er nicht. Was der Vierzehnjährige nicht sieht, erlebt der Vierundzwanzigjährige: die heissen Quellen, die Erotik nackten Badens, den Zauber unberührter Landschaft. Was aber der gealterte Mann dort sieht, entzaubert die Vorstellung und besiegelt die Erstarrung: Der Ehrgeiz Tschampas, einst Jugendfreund und jetzt Karrierist, hat den Inbegriff seiner Sehnsucht zerstört. Die *fernen Quellen* gibt es nicht mehr. Nun sind sie mit Plakaten beworben und in Beton gefasst, entzaubert und vermarktet.

Alai beschreibt, wie menschliche Sehnsucht objektiviert und domestiziert, ideologisiert und institutionalisiert wird. Religiöse Institutionen aber, denen die Sehnsucht nicht mehr anzusehen ist, aus der sie hervorgegangen sind, verlieren ihren Charme. Glaubensaussagen, denen das Feuer nicht mehr anzuspüren ist, das zu ihnen geführt hat, lassen einen kalt. Wasser, das nicht mehr fliesst, heilt auch nicht. Fehlgetauft.

Zeit ist in Tibet ohnehin
etwas anderes. Sie kann sich
biegen, Anfang und Ende
können wie bei einem Stück
Draht zu einem Kreis
geschlossen werden. Sie kann
auch wie ein dünnflüssiger
Joghurt auf den Boden tropfen
und dort versickern.

Tsering Öser,
Erinnerungen an eine
mörderische Fahrt,
chinesisch 2003.

ZEIT IN TIBET. ICH KANN SIE MIR VORSTELLEN. In Ladakh habe ich Landschaften und Dörfer gesehen, besonders natürlich Klöster, in denen die Religion *alles* durchdringt. Auf jedem exponierten Punkt, einer Kreuzung, einer
Passhöhe, einem Flussübergang, wehen unzählige Fähnchen in blau, rot, gelb.
Immer wieder begegnet man *Mani-Steinen* mit schön geritzten Mantras, meist
das *om mani padme hum*, an Wegkreuzungen, bei Klosteranlagen, irgendwo,
nicht selten zur Kette gereiht oder zu langen *Mani-Mauern* aufgeschichtet. Vor
allem *Tschörten* in allen Grössen, die gekalkten Stupas der Tibeter, die man
dreimal im Uhrzeigersinn umrundet, keine Siedlung ohne sie.

Zeit in Tibet. Sie ist religiöse Zeit. Sie läuft nicht geradeaus, peilt nicht pfeil-
gerade an, folgt keinem *global positioning system*, sondern dreht sich im Uhrzeigersinn, perlt wie der hundertachtgliedrige Rosenkranz, *schliesst Anfang
und Ende zu einem Kreis*. Religiöse Zeit kreist. Wiederholung ist ihr Wesen,
Repetition ihre Übung, Zyklus ihr Sinn. Im Rad bildet sich das Leben achtfach
ab, ob im *Dharmachakra*, dem Rad der Lehre, oder im *Samsara*, dem Rad der
Wiedergeburt. Die Mühle mahlt mir meine Mantras, sooft ich ihr im Vorbeigehen einen liebevollen Schubs gebe.

Zeit in Tibet. Ich sehe sie vor mir. Wenn im Kloster die *Dung* erklingt, das
Muschelhorn mit seinem alphornartigen Ton, von der hohen Mauer übers Tal
und hinüber zu den Sechstausendern, wenn bei einem Empfang *Tsampa* aus
gerösteter Gerste und Tee mit Butter gereicht werden, keine Frage, ob geniessbar oder ungeniessbar, sondern alltägliche Nahrung, wenn in der Jurte mit Stutenmilch begrüsst wird und die wertvolle Schnupftabaksdose des Familien-
oberhaupts kreist, dann ist Zeit religiöse Zeit.

Zeit in Tibet. Profane Zeit gibt es dort erst an zweiter Stelle, notgedrungen
und zwangsweise, für manche nie. Religiöse Zeit durchtränkt das Leben im
Samsara *wie dünnflüssiger Joghurt den Boden*. Der Boden in Tibet, und damit
ist das riesige Siedlungsgebiet der Tibeter gemeint, aber auch das Gebiet des
tibetischen Buddhismus in der Mongolei, dieser Boden ist durchtränkt von religiöser Zeit. Was von ihr dort während rund zwölfhundert Jahren *versickert*
ist, hat Böden gedüngt und Landschaften geprägt. Es gibt sie, die religiösen
Landschaften, in denen es so *tropft*. *Wer Religion hat, sieht sie. Wer sie nicht
sieht, habe Religion.* Frei nach Goethe.

Zeit in der Welt. *Biegsam* und *dünnflüssig* kann sie plötzlich heilige Zeit
sein. Getränkte Erde, ewiger Kreisgang, gesättigtes Leben. Im alten Israel haben
manche Propheten sie gelegentlich gesehen: *Vor euch werden die Berge und
die Hügel in Jubel ausbrechen, und alle Bäume des Feldes werden in die Hände
klatschen. Wacholder wird spriessen statt der Dornen, Myrte wird spriessen statt
der Nessel.* (Jes 55,12–13) Wer mit der Zeit in der Zeit rechnet, erlebt religiöse
Landschaften. Ob in Tibet oder anderswo. Höchstens, dass sie dort eine besonders augenfällige Möglichkeit ist, möglich ist sie aber überall. Vorausgesetzt,
einer wird so biegsam und dünnflüssig wie diese Zeit. Vorausgesetzt, einer traut
dem Möglichen mehr als dem Wirklichen. Vorausgesetzt, einer hat Religion.

Zyklische Zeit hebt lineare Zeit nicht auf, gibt ihr aber Tiefe und Höhe und
Weite, macht sie mehrdimensional, sickert in sie ein und rundet sie ab.

Ich fand einen Begriff für jenes Gefühl, das mich seit dem Tod des Bruders gefangen hielt, und ich nannte das Gefühl Einsamkeit. Ich fand sie bald in allem, nicht nur im Leben des Bruders. In jedem Leben, in meinem eigenen. In den Leben, die ich teilte und betrachtete. Ich erkannte in der Einsamkeit den Preis und die Strafe, ich sah, wie diese Einsamkeit zunahm unter meinen Freunden. Ich erkannte darin die Krankheit meiner Zeit, die Ursache des Unglücks, das jeder, der ein offenes Herz hatte, empfinden musste. Am Ende war jeder allein, das spürte ich, und ein Ende gab es alle Tage.

Lukas Bärfuss,
Koala, 2014.

ES IST WOHL SO HART, WIE ES KLINGT: Manchmal muss einer sterben und mir plötzlich fehlen, dass ich mich endlich frage, wer er eigentlich ist, nein, wer er *war*. Eine fatale *consecutio temporum*, eine schicksalhafte Zeitenfolge. Was jedem passieren kann, ist auch Lukas Bärfuss passiert: Sein Bruder ist gestorben. Nun erst fehlt er ihm.

Immerhin widmet der Schriftsteller dem fremd gewordenen und auf einmal verlorenen Bruder einen ganzen Roman: *Koala,* nach dem Pfadfindernamen, den dieser in seiner Jugend bekam. Immerhin reist er mit dem spät erkannten Koala auf die andere Seite der Welt, um *down under* zu verstehen, wer er ist. Immerhin mutiert der Roman unversehens zur australischen Besiedlungsgeschichte, bevor er ebenso wundersam über Koala wieder zurückkehrt in den Kanton Bern und in die Altstadt von Thun. Eine Weltreise und eine Zeitreise aus Einsamkeit. Bärfuss geht jenem nach, weil jener ihm nachgeht.

Doch das *Gefühl* mit Namen *Einsamkeit* bleibt. Es geht mit durch Raum und Zeit. Ein Grundgefühl des Lebens, die Einsamkeit, die sich *in allem findet.* Eine *condition humaine,* die Einsamkeit, die mehr ist als die Feststellung des Alleinseins, vielleicht so etwas wie ihre verzweifelte Aneignung. Zuerst die Befangenheit, zu spät bemerkt zu haben, dass da mal einer war, und dann die Gefangenschaft im Gefühl, dass nicht allein jenes Leben einsam gewesen war und dieses Leben nun die Einsamkeit spürt, sondern auch das Bewusstsein, dass alles Leben einsam ist, in sich gekehrt, wie der Koala, der vier Fünftel seines Lebens auf dem Eukalyptus verschläft.

Bärfuss nennt diese Konditionierung *Preis* und *Strafe,* doch wofür? Straft hier ein unbekannter Gott? Fordert hier ein unerklärliches Schicksal seinen Preis? Er nennt sie *Krankheit meiner Zeit* und *Ursache des Unglücks,* doch mit welcher Ätiologie? Infiziert uns hier ein unbekanntes Virus, gegen das kein Kraut gewachsen ist? Dringt ein Bakterium in uns ein, gegen das im Lauf des Lebens kein Antibiotikum mehr wirkt, weil es resistent wird?

Nicht nur diese Stelle, der ganze Roman kommt ohne das berühmte *höhere Wesen* aus, das heute durch alle Befragungen geistert und das doch niemand kennt. Auch ohne das Wort *Gott,* das überall durch religiöse Traditionen vorgegeben wäre, auch bei den australischen Aborigines. Es ist geradezu die göttliche Leerstelle, das mysteriöse Fehlen, das divine Nichts, das diesen Roman durchtränkt. Eine Weltreise und eine Zeitreise, in der *er* nirgends auftaucht und gerade deshalb bedrückend präsent ist: als Einsamkeit. Als wäre sie immer dort spürbar, wo *er* gerade nicht mehr ist: die Einsamkeit des Lebens als Fussabdruck eines fortgegangenen und nun fehlenden Gottes.

Die Götterdämmerung entpuppt sich als Lebensdämmerung. Erst nach dessen Verschwinden dämmert dem Menschen, dass da mal einer war, vielleicht gar ein Bruder. Doch in der Leerstelle sitzt nun die Einsamkeit des Lebens. Vielleicht liesse sich der Roman in einem Satz zusammenfassen: *Mein Gott, mein Gott, warum hast du mich verlassen?* (Ps 22,2; Mt 27,46)

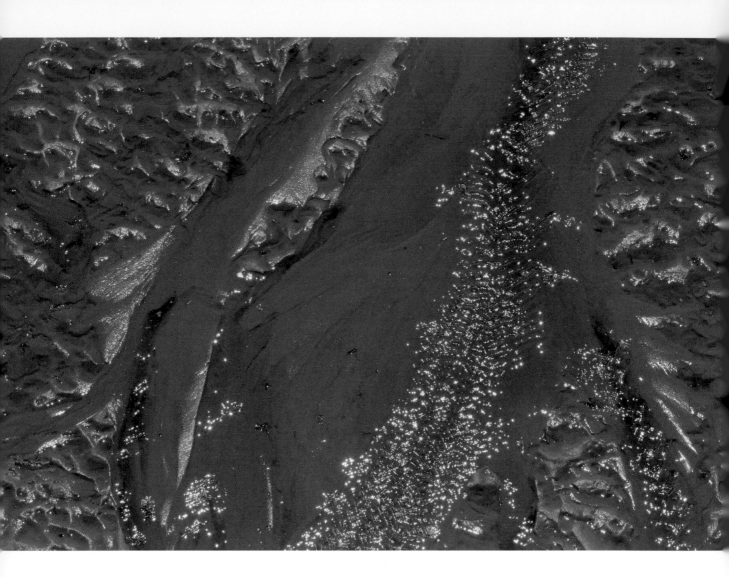

TAGBUM GYEL IST TIBETER, in einer Familie von Nomaden geboren, im Grasland zu Hause. Er lebt aber unter der Hegemonie der Chinesen, hat wie Sesshafte studiert und kennt die Soziologie der Stadt. Seine *Aufzeichnungen* sind eine ironische Abrechnung mit dem Regime: *Sagt man Hapa, so meint man damit in manchen Gegenden einen ganz bestimmten Hund. Bei uns ist der Hapa jedenfalls kein wilder oder gar mutiger Hund, wie ihn die Nomaden halten, sondern ein kleiner, gedrungener und flauschiger Pekinese mit flacher Nase, eingedrücktem Gesicht und vier dicken Beinchen, der in Häusern und Höfen lebt. Solch einem Hapa geht die Kämpfernatur eines Mastiffs ab, und er hat auch nicht den Mut, Diebe und Räuber zu stellen. Wenn aber Gäste kommen, meldet er dies gehorsam, und zur Mittagsruhe gesellt er sich gern zu seinem Herrchen.* Die Eingangssätze lassen ahnen, was passiert: Der *Hapa* buckelt und dienert sich nach oben. Er wird zum gefälligen Hofschranzen des Systems und übertölpelt schliesslich seinen geblendeten Herrn. Der Hund als Herr, der Herr als Hund. Das mag ein Wechsel sein.

Was Gyel meint, wird in Ländern sichtbar, wo Regimes der Buckelei inzwischen gescheitert, deren Blendwerke aber noch zu sehen sind. In der Mongolei etwa: Nach Tagen in der Weite der Grassteppe mit ihren stolzen Nomaden und deren frei weidenden Herden plötzlich eine Stadt, in der jeder Besitz meterhoch eingezäunt ist von Holzlatten, so dicht gefügt, dass kein Spalt verrät, was dahinter ist. Sieht man es plötzlich doch, ist es nichts als eine einsame Jurte in einem ungepflegten Geviert. Nach Tagen in der Wildnis, mit einer Blumenpracht, die ihresgleichen sucht, und einer Vogelwelt, die Freiheit ahnen lässt, plötzlich martialische Denkmäler, deren Pathos zur Groteske wird auf Plätzen, wo längst aus allen Ritzen Gras wächst und noch das Wasser des letzten Regens fault. Oder in Kirgistan: Das Rad in der Mitte des Jurtendachs hat es zwar als Symbol in die Staatsflagge geschafft, doch Regierungsgebäude plustern sich noch immer monumental, und grosse Plätze trauern Aufmärschen des Regimes nach. Am Wochenende strömen die Städter aufs Land, um in ihren Jurten Stutenmilch zu trinken und auf ihren Pferden Ungebundenheit zu geniessen, doch unter der Woche beugen sie sich einem autokratischen Regime.

Vom Wahn hochgedienerter *Hunde*, nun gar noch *fliegen* zu können, künden Gigantomanie, Martialität und Pathos. Nicht allein in Asien sind solche Blendwerke zu sehen. Dort fehlen nur die Mittel, die Groteske zu verbergen. Blätternde Farbe, rostender Guss, gerissene Fundamente unterstreichen augenfällig die Absurdität. Das tibetische Sprichwort, das Gyel in seine Aufzeichnungen flicht, gilt überall: *Hoch* und *schlecht* passen so wenig zueinander wie gut und niedrig. Das eine ist lächerlich, das andere ungerecht. Das eine wird fallen, wie zur Komödie die Fallhöhe des Absurden und Grotesken gehört, das andere aber bleiben, wie die Metamorphose zum Schmetterling die Geduld von Raupe und Puppe belohnt.

Gegenläufig dazu, dass *schlechte Hunde* in *hohe Stellungen* geraten, weil sie zu dienern und zu buckeln verstehen und Geschmeichelte und Verwöhnte sich nur zu gerne blenden lassen, ist die Erwartung des Messias: *Er, der doch von göttlichem Wesen war, hielt nicht wie an einer Beute daran fest, Gott gleich zu sein, sondern gab es preis und nahm auf sich das Dasein eines Sklaven, wurde den Menschen ähnlich, in seiner Erscheinung wie ein Mensch.* (Phil 2,6–7) Welche Freiheit! Der Herr ein Knecht, der Knecht ein Herr. Das mag ein Wechsel sein.

Gibt man einem schlechten Hund eine hohe Stellung, wird er am Ende versuchen zu fliegen.

Tagbum Gyel,
Aufzeichnungen eines
Hundehalters,
tibetisch 2006.

Tsongpön Norbu Sangpo
schreckte hoch. Er rief,
er schrie, er brüllte.
Doch keiner aus seiner
Familie wachte auf. Er eilte in
seinen Gebetsraum und
murmelte inbrünstig Gebete.
Er betete zu Tshenresi,
dem Gott des Erbarmens,
er betete zu Dolma, er flehte
zu Yama, der ihm im Traum
erschienen war. Alle Götter
rief er an, an deren Namen
er sich erinnerte. Er bat um
Gnade und Mitleid.

Aber welcher Gott würde
seine Gebete hören? Seine
Götter hatte er alle verkauft.
Sein Altar war leer.

Thupten Samphel,
Der letzte Gott,
englisch 1980.

DAS ENDE EINER GESCHICHTE! *Tsongpön Norbu Sangpo* ist aus Tibet geflohen. Im nepalesischen Kathmandu baut er ein Antiquitätengeschäft auf. Er verdient gut, wird dick und rund dabei. Gerade hat er an einer Götterstatue, seiner letzten, die er einem deutschen Touristen verkaufen konnte, überraschend gut verdient. Nun ermahnt er seine Kinder zu religiöser Sittsamkeit, dankt den Göttern und geht zufrieden ins Bett. In der Nacht aber erscheint ihm *Yama*, der tibetische Totengott, und schilt ihn heftig: *Du verehrst die Götter, aber verkaufst sie. Wie konntest du dich nur in dieser Heuchelei gemütlich einrichten?* Yama wird immer zorniger und hängt ihm zuletzt eine Reihe von Flüchen an den Hals. Mitten in deren Steigerung aber schreckt *Tsongpön Norbu Sangpo aus dem Schlaf.*

Das Ende einer Welt! Verzweifelt ruft, schreit, brüllt er. *Du hast deine Welt verkauft*, sagt Yama. Mit der letzten Götterstatue gingen auch die letzten Werte über den Ladentisch. Dem, der sein Land einst verlassen musste, geht nun mit den Göttern auch seine Kultur verloren. Jetzt steht er religionslos und kulturlos da. Er hat alles verhökert. Als ihm aufgeht, was er getan hat, tut er zwar, was ihn Religion und Kultur einst gelehrt hatten: Er betet zu *Tshenresi*, dem Boddhisattva der Barmherzigkeit, doch er ist weg, zu *Dolma*, der Göttin der Liebe, die aus einer Träne Tshenresis hervorgegangen ist, doch sie ist ebenfalls weg, ja sogar zu *Yama*, der ihm im Albtraum so bedrohlich erschienen ist, aber auch er ist jetzt schon nicht mehr da. *Sein Altar ist leer.* Seine *Inbrunst* verglüht folgenlos. Von allen guten Geistern verlassen ist er.

Das Ende eines Lebens? Der Mensch könne ohne Götter leben, behauptet die Welt jenes Deutschen, der *Tsongpön Norbu Sangpos* letzte Statue erworben hat, vielleicht, um sein Wartezimmer mit ihr zu dekorieren. Oder doch eher sein Badezimmer? Die gute Stube? Der Mensch verliere, sobald er aufgeklärt sei, den Bedarf nach Religion und brauche sie nicht mehr, wie ein Erwachsener, der den Teddy seiner Kinderzeit nicht mehr braucht, ihn aber irgendwo als Souvenir aufbewahrt. Religion sei Privatsache, behauptet die Welt des Westens, und überlässt es dem Einzelnen, wie er es halten will mit den Göttern: Verkaufen und zu Geld machen? Als Erinnerungsstück irgendwo aufheben? Zur Dekoration aufstellen?

Ende! Thupten Samphel, der Erzähler, der in Lhasa geboren ist, in New York studiert hat und für die Exilregierung Tibets in Indien arbeitet, erzählt das Ende! Mit seinen Göttern verkauft der Mensch auch sich selbst. Wenn sein Altar leer ist, ist auch sein Herz verwaist. Der Ausverkauf der Religion führt zur Entseelung des Lebens. Religion zu verhökern, bedeutet auch, Werte zu verramschen. Wie er aber, um leben zu können, auf Essen und Trinken nicht verzichten kann, auch nicht auf Sicherheit und Sexualität, so kann der Mensch, um leben zu können, auch nicht auf Religion verzichten. Wie auch immer er heisst, ohne Sehnsucht nach Gott, die er in sich trägt, und ohne einen Gott, der ihn souverän anspricht, ist der Mensch nur mehr ein Schatten seiner selbst. Gott ist kein Requisit, kein Souvenir, kein Accessoire, kein Surplus. Er ist, ob geliebt oder gehasst, ob figürlich oder abstrakt, ob gut oder böse, die Fülle des Lebens. Die Leere der Altäre aber ist die Leere des Lebens.

Schaut, sagt sie, also schauen
wir, und oben über der Tür
begann sich dieses Ding zu
rühren. Es schabte den Kokon
einfach aus, zog und arbeitete
an der Innenseite, wurde
müde und hörte auf und ging
wieder an die Arbeit.
Es brauchte eine halbe
Stunde, vielleicht vierzig
Minuten, und wir hörten nicht
auf zuzusehen. Dann sahen
wir den Schmetterling
herauskommen. Es war, als ob
der Kokon einfach nachgab,
abfiel wie ein alter Lappen.
Es war ein gelber Schmetterling, ein kleines geflecktes
Ding. Seine Flügel waren
ganz mit Wachs verklebt. Er
musste ziemlich arbeiten, um
sie loszukriegen. Arbeitet an
dem einen, macht ihn frei,
schwingt ihn hoch. Arbeitet
weiter am anderen. Kriegt
ihn hoch, fliegt ein Stückchen.
Mama sagt: ‹Seht euch das an.
Vergesst es nie. Das habt ihr
an Ostern gesehen. Vergesst
es nie.› Ich habe es jedenfalls
nie vergessen.

Alice Munro,
Kleine Aussichten,
englisch 1971.

IN IHREM EINZIGEN ROMAN ERZÄHLT die kanadische Nobelpreisträgerin die Geschichte einer Tochter und ihrer Mutter. *Lives of Girls and Women.* Kleinstadtgeschichten, Leben in der Provinz, eine Biografie mit kleinen Ereignissen. Dieses ist eines. Man könnte es auch übersehen oder einfach an ihm vorbeigehen. Alice Munro nicht, sie verweilt. Sie sieht hin. Ihr Roman ist die minutiöse Sammlung vieler übersehbarer Miniaturen. Ein Herbarium des Besonderen mitten im Gewöhnlichen.

Nichts Spektakuläres passiert da, aber eine grosse *Arbeit* wird verrichtet! Ein unbedeutendes *Ding* bewegt sich da, namenlos und unbekannt, *ein kleines geflecktes Ding* nur, aber es gehört zu *Ostern!* Hier wird jene Arbeit getan, die Ostern bedeutet: eine *Metamorphose* in der Sprache des Wissens, eine *Auferstehung* in der Sprache des Glaubens. Die Verbindung aber von Metamorphose und Auferstehung, von Wissen und Glauben, hat die Mutter hergestellt: *Vergesst es nie. Das habt ihr an Ostern gesehen.* Alice Munro hat es nicht vergessen. Das *Ding* und seine *Arbeit* sind zum Gleichnis und zur Erinnerung geworden. Überraschendes tut sich auf.

Das erste: Um von Auferstehung reden zu können, braucht es nichts Mirakulöses oder Spektakuläres. Das Mysterium, das sie ist, das göttliche Geheimnis nämlich, dass aus Tod Leben wird, ist weder übernatürlich noch aussergewöhnlich. Es begegnet *oben an der Tür.* Man kann vorbeilaufen und es übersehen. Schaut man aber hin, so ist es da und bewegt. Der Schöpfer hat es in seiner Schöpfung vorgesehen, das Geheimnis des Lebens, das im Fall des Schmetterlings mit einer Metamorphose verbunden ist. Schon immer ist er, bis er fliegen kann, das Ergebnis mehrerer Verwandlungen. Auch der Mensch, sagt Munros Mutter. Zu seinem Leben gehören Verwandlungen, die aus Totgeglaubtem ganz natürlich und gewöhnlich Lebensvolles machen. Das Natürliche ist im Glauben der Ort des Geschaffenen, das Gewöhnliche der Ort des Geheimnisses. *Schauen* muss man, und *nicht vergessen.*

Das zweite: Auferstehung ist kein Widerfahrnis, dem man passiv ausgesetzt ist und das mit einem geschicht. Auferstehung ist Arbeit, die der Auferstehende tut. Keine Leistung im Sinn moralischen Wollens oder ästhetischen Könnens. Einfach Arbeit, die getan werden muss wie Wohnungsputz oder Abwasch. Das *kleine Ding* hat zu tun, bis es raus ist aus der Puppe und die Flügel flugbereit gespannt sind. Auferstehen zu können ist die Anlage der Schöpfung, Auferstehen zu erleben ist die Arbeit des Betroffenen. Auferstehung ist Lebensarbeit.

Das dritte: Alice Munro liest im Buch der Natur und des Wissens wie im Buch der Bibel und des Glaubens. Sie tut es gleichzeitig und ohne Widerspruch. Mit dem Gewinn eines lebensvollen Gleichnisses, solange Geschautes unvergesslich ist. Schauen muss man, und *nicht vergessen.* Lebensarbeit.

Unter den geliebten Bildern der Erinnerung in meiner Seele, die der Regen der Zeit nicht auslöschen und die Stürme der Monate und Jahre nicht zerstören konnten, ist das Bild des schmalen Pfades unterhalb des Dorfes. Warum nur? Weil dieser schmale Pfad die Verbindung zu meiner Heimat ist. Viele Generationen haben über Jahrhunderte hinweg mit ihren unzähligen Fussspuren ihre Geschichte in diesem Wegstück hinterlassen.

Döndrub Gyel,
Der schmale Pfad,
tibetisch 1984.

GERADE WAREN WIR IN DER MONGOLEI. Hatten *driver* und *guide* organisiert und waren mit dem *4WD* unterwegs. Durch die Mitte des Landes, hinauf in die Taiga beim *Khövsgöl*, dem grossen See, und hinüber durch Waldsteppe und Grasland, immer Richtung Westen, bis wir nach Salzsteppe und Gobi den *Altai* vor uns hatten, das grosse Gebirge. Oben Kühle und der Glanz ewigen Firns, unten Hitze und der Glast ewigen Staubs. Wege aber? Strassen gar? Oder Schilder? Nein, es waren fast immer nur zwei Rillen, denen unser Fahrer folgte, zuweilen auch sechs oder acht, zwischen denen er rasch wählte, gelegentlich auch mal nichts, bis wieder zwei Rillen erkennbar wurden. So ging es durch ein weites, offenes, stilles Land, dessen mythisches Profil uns in seinen Bann zog. Die Fülle der Leere. Wegweiser waren sehr selten. Der Fahrer orientierte sich an Formationen von Bergen und an Systemen von Flüssen. Der Sonnenstand zeigte die Windrichtungen. Begegnungen mit anderen Fahrern brachten Informationen über durchquerbare Flüsse und fortgespülte Wege. Nomaden mit Jurten und Herden gaben mit erhobener Hand ungefähre Richtungen an.

Eine Welt ohne Highway, ohne Magistrale, ohne Boulevard, ohne Promenade. Spuren sind hier wertvoll, *Fussspuren* und *Pfade*. Eine Welt ohne Billboards, ohne Leitsystem, ohne sonic wallpaper, ohne elektronische Berieselung. Sprache ist hier wertvoll, Hinweise und Warnungen. Orientierung ohne Delegation an Hilfsmittel oder Autoritäten: Sonne statt Ampel, Berge statt Karten, Flüsse statt Schilder. Das *Unauslöschbare* und *Unzerstörbare* statt aktueller Technik und moderner Elektronik. *Erinnerung* an *Generationen* und *Jahrhunderte* statt Hörigkeit gegenüber aktuellen Verwaltungen und Regierungen. Mal gab es zwar eine geschobene Strasse ohne Teer, aber in einem derart durchlöcherten und halsbrecherischen Zustand, dass jeder sich wie eh und je seinen Weg über die Wiese suchte. Mal gab es gar eine breite Teerstrasse mit Ampeln, doch deren Farben beeindruckten niemanden.

Der *Pfad*, an den sich hier ein Tibeter im Exil erinnert, ist wertvoll, denn er gehört in seine *Seele*: *der schmale Pfad unterhalb des Dorfes*. Mitten in der grossen Leere, ob im alten Tibet oder in der alten Mongolei, die beide dieselbe Religion teilen, gibt es diese besonderen Wegmomente: eine Schlucht, einen Pass, ein Dorf. Dann verjüngen sich die vielen Rillen auf zwei einzige. Mensch und Tier gehen nicht mehr irgendwo, sondern müssen hier durch und vorbei. Wege bieten Orientierungen. Sie helfen durch die Schlucht, eröffnen auf der Passhöhe neue Horizonte, führen zu einem Dorf mit Wasser, Nahrung, Sicherheit. *Generationen* haben sie benutzt, deren *Fussspuren* sind ihnen eingeprägt, *Jahrhunderte* haben sie überdauert.

Auf jeder Passhöhe in der Mongolei steht ein *Ovoo*: ein kleiner Hügel aus Steinen, den man dreimal im Uhrzeigersinn umkreist, auf den man einen weiteren Stein wirft oder an dem man etwas ablegt: einen Schafsschädel, ein paar Banknoten, ein blaues Fähnchen. Vor jedem Dorf in Ladakh steht ein *Tschörten*: die Stupa der fünf Elemente, die man dreimal im Uhrzeigersinn umkreist, dankbar, den Pfad gefunden, die Gefahren überwunden und die Reise geschafft zu haben. Welche Pfade sind wertvoll in der Welt des Schilderwalds und der Verkehrsleitsysteme?

Und irgendwann stellte sich abends eine Leere ein, die sich mit all diesen gewohnheitsmässigen Scherzchen nicht mehr auffüllen liess. Es war mehr als Langeweile – es war der gähnende Abgrund menschlicher Leere, die schreckliche Ahnung, dass man zwar alles hatte, das Allerwichtigste aber so sehr vermisste, dass man nicht einmal mehr genau wusste, was es war.

Alex Capus,
Zombie City, 1998.

ZOMBIE, MUSS ICH NACHLESEN, weil ich es nicht weiss, *Zombie* ist, wer hätte das gedacht, ein Wort aus der Sprache *Kimbundu,* die in der Mitte Afrikas gesprochen wird: *Nzùmbe* bezeichnet dort den *Totengeist.* Mit Sklaven ist das Wort nach Haiti gelangt und auf Kreolisch zu *zonbie* geworden. Dort bezeichnet es den Wiedergänger, den grausigen Untoten, eine zurückgekehrte Leiche.

Bei Alex Capus begegnet der Held einer Kurzgeschichte gleich einer ganzen Stadt von Untoten. Wie? Er hat am Vormittag eine neue Stelle als Lokalredakteur angetreten und ist vom Chefredaktor sofort vereinnahmt worden. Sie seien nicht nur beruflich ein aufgestelltes Team, sondern auch privat, denn sie führen alle Velo, und am Abend machten sie einen Ausflug, an dem er doch gleich teilnehmen und alle kennenlernen könne. Capus' Held besitzt zwar weder das vorgeschriebene Tenue noch ein Rennvelo, auch kennt er die Namen der Weiler nicht, die abgeklappert werden sollen. Aber er will ja diese Stelle, will sich einfügen, will wie alle *cool* und *sexy* sein. So beugt er sich und lässt sich von seinem unmittelbaren Vorgesetzten freundlich unter den Arm nehmen. Am Abend steht er pünktlich vor dessen Wohnungstür.

Es ist der zwölfte Stock eines ganz neuen Hochhauses. Beton, Stahl, Glas. Er hat den Klingelknopf gedrückt und ein sanftes *Dingdong* gehört. Nun geht aber plötzlich das Licht aus. Er findet den Schalter nicht. Es ist dunkel. In der Stille und Schwärze des Wartens hört er die Geräusche umso besser. Es plätschert und tropft, summt und rattert. Er stellt sich vor, wie viele Leute gerade im Haus sind und was sie tun, jeder in seiner schönen Wohnung. Ein Bass wummert irgendwo, jemand hackt Zwiebeln, ein Kriegsfilm läuft. Man telefoniert, einer duscht, es knackt. Er stellt sich ein Haus teurer Wohnungen und vieler Singles vor. Je länger das Warten, desto intensiver die Vorstellungen. Je kruder die Fantasie, desto verrückter die Bilder. Das hippe Hochhaus mutiert zur *Zombie City,* das geile Wohnsilo zur Nekropolis.

Am Höhepunkt seiner Imagination dann diese beiden Sätze, dunkle Einsichten eines Wartenden: Der hohe Wohnturm wird zum tiefen Höllenschlund, die Engel der hippen Szene stürzen. Beton, Stahl, Glas. Ein *gähnender Abgrund menschlicher Leere* tut sich auf. Durch keine coolen Slogans zu füllen, durch keinen hippen Fun zu überbrücken, resistent gegen Sexyness und Coolness. Leere entsteht durch die Abwesenheit des *Allerwichtigsten,* doch das wirklich Tragische ist, dass dieses Allerwichtigste nur durch *Vermissen* präsent ist. Via negationis. *Was* da fehlt, weiss keiner mehr, nur *dass* es fehlt. Das schräge Konzert der Hochhausgeräusche verweist auf ein Orchester ohne Dirigent und Partitur.

Vermissen. Capus macht es zur Haupttätigkeit der Singles. Er gibt ihm sogar noch Intensität: Hier wird *so sehr vermisst, dass man nicht einmal mehr genau weiss,* was es war. Mögliche Gehalte werden geradezu wegvermisst. In Wahrheit lebt man in der Haltung inhaltsleeren Vermissens. Da ist nichts mehr und kommt nichts mehr. Eine heilige *Leerstelle,* von sich selbst befreiter Inhalt, die Nekropolis der Gedankenlosigkeit. *About blank.* Der volle Wohnturm als Sinnbild *menschlicher Leere.* Vermissen.

Erinnern wäre das Gegenstück. Gegenwärtiger Leere standhalten durch Erinnerung. Der Apokalypse der Zombies entgehen durch *die erste Liebe* (Offb 2,2–5).

I never liked jazz music because jazz music doesn't resolve. But I was outside the Bagdad Theater in Portland one night when I saw a man playing the saxophone. I stood there for fifteen minutes, and he never opened his eyes.

After that I liked jazz music.

Sometimes you have to watch somebody love something before you can love it yourself. It is as if they are showing you the way.

I used not to like God because God didn't resolve. But that was before any of this happened.

Donald Miller,
Blue like Jazz,
amerikanisch 2003.

ETWAS GEHT NICHT AUF, löst sich nicht, klärt nicht. Trüb und undurchsichtig bleibt es, diffus und opak. *It doesn't resolve.* Keine Entscheidung, kein Ende, kein Schluss. Keine Resolution in Sicht. Man kann es nicht ablegen und nicht abschreiben. Niemand erteilt Entlastung. *It doesn't resolve.* Wer mag das schon?

So im Fall *Jazz.* Meine Hörgewohnheiten waren lösungsorientiert. So viel Musik hatte ich gehört, dass ich aus dem Verlauf ihr Ende ahnte. Auflösung in Dur oder Moll. So lange war mein Ohr trainiert, dass Dissonanzen durchaus schön sein konnten, wenn sie sich nur am Schluss in Wohlgefallen auflösten. Kakofonie musste in Eufonie enden, der Misharmoniker dem Philharmoniker weichen. So sehr war meine Wahrnehmung konditioniert, dass unerreichte Lösungen mich umtrieben. Wiedererlangte Harmonie beruhigte. Ein Stück ohne Ende ging mir nach. Nein, ich mochte Jazz so wenig, wie Miller ihn mochte. Das Diffuse war mir das Sinistre. Kein Liebhaber des Halbschattens war ich. Heute mag ich Jazz. Es hat sich was getan.

So auch im Fall *Gott.* Meine Religiosität war erlösungsorientiert. Der Mensch brauchte Erlösung. Von eigener Sünde, fremder Unbill, tragischer Schuld. Christus war der Erlöser. Die Welt war grundsätzlich gefallen und unerlöst, ein *Jammertal.* Meine Frömmigkeit hatte romantische und quietistische Töne. *Per aspera ad astra* führte der Weg, durch niedere Versuchungen und höhere Herausforderungen hinauf zur Klarheit des Sternenhimmels. Der erlösende Gott war der entlastende Gott, der ganz andere, fern und nicht hier. Ein Gott, der herniedergestiegen war, um zu erlösen, war mir verständlich, einer, der sich herabgelassen hatte, um zu bleiben, unvorstellbar. Unmöglich geradezu. Heute mag ich Gott. Es hat sich was getan.

What happened? Ich bin dem Versöhner begegnet. Manches Mal. Zuletzt in der Zeit einer Krankheit, in der ich nur noch auf den Erlöser hoffte, bis ich feststellte, dass sie zwar geheilt war, ich aber mit ihren Folgen, die für immer bleiben würden, versöhnt werden musste, ohne es selbst zu können. In Christus ist Gott mein Versöhner. Er lässt mich damit leben, dass zweimal zwei zuweilen nicht vier sind, sondern selten fünf und oft drei, dass Diffuses kommt und nicht wieder geht. *In the blues.* Der Versöhner ist mein Freund geworden. Einer, der bleibt, wenn alle gehen.

What happened? In einem Münchner Club bin ich dem Jazz begegnet, einem Trio und seinem Pianisten. Deren CDs habe ich danach gekauft, jedes Jahr eine. Ich habe erlebt, was die Minderung meiner Erwartung mit mir macht, wie schön Brechungen sind, wie betörend der *off beat.* Die Schönheit dessen, das nicht aufgeht, nicht aufgelöst wird, keine letzte Klärung erfährt, hat mich versöhnt mit der Unklarheit, die ich in mir habe. Ich bin selten eine Fünf und oft eine Drei. Die *blue note* hat mich berührt.

Sometimes you have to watch somebody love something before you can love it yourself. Der Jazz ist mir zum Gleichnis geworden für Gott. Er geht nicht auf in der Lauge meiner Deutungen, klärt sich nicht in der Logik meines Scharfsinns, harmoniert nicht mit den Erwartungen meiner Seele. Er improvisiert wie der Münchner Pianist, der seinen Flügel schlug, liebte, streichelte, der ihm Lebendiges entlockte in wunderbarer Brechung. Der gebrochene Gott ist mein Freund geblieben. Er mag Jazz, glaube ich.

What is the chief end of man?

Man's chief end is to glorify God, and to enjoy him forever.

Westminster Assembly,
The Westminster Shorter
Catechism,
englisch 1647.

NEIN, DIE FRAGE NACH DEM SINN des Lebens ist keine moderne Frage. Nein, die real existierenden Kirchen waren damals nicht selbstverständlicher als heute. Nein, die Vorfahren hatten kein besseres religiöses Grundwissen als die gegenwärtigen Generationen. Religion war keine Privatsache, ja, das war im Bewusstsein aller völlig anders als heute. Der obige Punkt 1 von 107, eine klare Frage und zwei überraschende Antworten, war sogar eine offizielle Verlautbarung des englischen Parlaments: Um dem katholisch und absolutistisch orientierten Königshaus der Stuarts sachlich etwas Pfundiges entgegensetzen zu können, liess es sechs Jahre lang die *Westminster Assembly* schwitzen. 10 Adlige, 20 Laien und 121 Pfarrer erarbeiteten ein Bekenntnis und zwei Katechismen. Ja, sie wurden demokratisch genehmigt und politisch verabschiedet. Sie gelten weltweit noch heute, als wesentliche Bestandteile der reformierten Bekenntnisschriften. Ja, viele Generationen beherrschten diese klare Frage und diese beiden überraschenden Antworten auswendig, nämlich *by heart.*

Könnte sich ja lohnen, dies im Herz zu wissen: Der Sinn des Lebens besteht aus *glory* und *joy.* Gott kommt die *Ehre* zu, dem Menschen die *Freude.*

Glanz und Gloria gebühren nicht den *Royals* wie damals oder den *Celebrities* wie heute, sondern Gott. Rote Teppiche sollen in Kirchen führen, nicht in grandiose Paläste oder glamouröse Arenen. Die *Hall of Fame* steht im Himmel, nicht in Rom oder Hollywood. *Soli Deo gloria, Gott allein die Ehre!* Wahrlich, das war ein revolutionäres Programm mit emanzipatorischen Folgen. Das ist noch immer die Aufwertung aller Menschen mit humanitären Folgen. Despoten und Tyrannen mögen in ihren Palästen vereinsamen und verschimmeln. Menschen aber sollen auf roten Teppichen in ihre Kirchen gehen: *to glorify God forever.*

Joy and fun finden sich nicht in der Unterhaltungsindustrie oder im Sexgewerbe. Freude und Genuss werden ausgerechnet dort, wo zur gleichen Zeit der sinnenfeindliche Puritanismus entstanden ist, allen Menschen zugebilligt, ja sogar als Sinn des Lebens zugesprochen. Leben soll geniessbar und genüsslich sein. Christsein war für die *Westminster Assembly* kein ausgesondertes oder abgehobenes Leben, unsinnlich und ungeniessbar, am Ende säuerlich, trocken und fad. Im Gegenteil, es war geniesserisch und trug einen genussvollen Gedanken in seinem Anfang: Gott, der den Menschen geschaffen hat, wofür der Mensch ihm die Ehre gibt, hat nicht nur das Leben gegeben, sondern auch die Fähigkeit, es zu führen und zu geniessen. Gott ist selbst das Leben. Menschen können sich deshalb ihres Lebens freuen: *to glorify him forever.*

Das allerdings war damals völlig anders: Gott und das Leben waren nicht zweierlei. Gott war nicht privatisiert, und das Leben war nicht isoliert. Das Leben geniessen zu können, war die Folge davon, Gott gedankt und geehrt zu haben. Gott kommt die Ehre zu, dem Menschen die *Freude.* Zwischen Sonntag und Alltag gab es keine harte Schnittstelle. *To glorify* am Sonntag und *to enjoy* im Alltag waren in unlösbarer Dialektik verbunden. So unlösbar wie Gott und das Leben. Könnte sich ja lohnen, dies im Herz zu wissen: *by heart* und *forever.*

Tengo ganas de leer algo hoy.

Me sangra la poesía por
la boca.

Ich habe heute Lust etwas
zu lesen.

Die Dichtung blutet mir aus
dem Mund.

Francisco Madariaga,
Carta de Enero,
spanisch 1983.

EIN STARKES BILD: *Dichtung,* die dem Dichter *aus dem Mund blutet.* Als hätte er Glas gegessen. Als hätte er sich in die Zunge gebissen. Als würde er Blut eines aufgegangenen Geschwürs erbrechen. Ein verstörendes Bild: *Dichtung blutet mir aus dem Mund.* Als hätte sie sich selbständig gemacht. Als wäre der Mund des Dichters nur der Ausguss für ein inneres Gemetzel. Als hätte sich das dichtende Subjekt ins Objekt seiner eigenen Dichtung verwandelt. Blut geleckt und Blut gedichtet.

Jedenfalls ist sie kein Idyll, diese Poesie. Blut von Blutenden ist sie, Anzeige von Gewalt, ein Fanal. Hier wird gelitten und gestorben. Das Gedicht ein Gerinnsel, der Stichos ein Thrombos, das Compositum ein Coagulum. Der Argentinier Francisco Madariaga hat jedenfalls 1983, im letzten Jahr der achtjährigen Militärdiktatur, keine Veranlassung, ein liebenswürdiges Schäfergedicht zu schreiben. Nein, sein *Januarbrief* wäre eher eine abscheuliche Mörderballade. Wäre. Es bleibt bei dieser Zeile. Die Junta ist noch an der Macht, der Geheimdienst noch wach, die Zensur noch intakt.

Umso verstörender wirken diese eine Metapher und diese eine Zeile, die für das ganze Grauen der Folter stehen, für Verfolgung, Inhaftierung und Verschwindenlassen. *Es müssen so viele Menschen wie nötig in Argentinien sterben, damit das Land wieder sicher ist,* hatte General Videla 1976 angekündigt. Etwa dreissigtausend waren bis 1983 nötig. Für das Schweigen der *Desaparecidos* steht diese starke Metapher, für das Schweigen der *Madres de Plaza de Mayo.* Ein stummer Schrei ist diese eine blutige Zeile.

Mein Inneres, meine Eingeweide! / Ich muss mich winden. / Die Wände meines Herzens – / mein Herz ist unruhig, / ich kann nicht schweigen. Für Jeremia, den Propheten des Unheils, ist Dichten so gut wie Schreien. Sein Gedicht wird mit Magenkrämpfen und Herzflattern geboren. Er stottert (Jer 4,19). *Wie Wasser bin ich hingeschüttet, / und es fallen auseinander meine Gebeine. / Wie Wachs ist mein Herz, / zerflossen in meiner Brust. / Trocken wie eine Scherbe ist meine Kehle, / und meine Zunge klebt mir am Gaumen.* Der Dichter des Klagelieds erlebt, was er schreibt. Seine Person ist geradezu sein Gedicht, wenn er klagt. Er löst sich auf (Ps 22,15–16). Die *vita poetica* ist kein Freizeitvergnügen fürs Poesiealbum. Hier wird gelitten und gestorben. Sie ist für Madariaga im modernen Argentinien so sehr ein erlittenes Müssen wie für die Dichter im alten Israel. Vita poetica ist Sein im Gedicht, ist Dichtung als Wesen, ist Sprachlichsein.

So sehr verstört ihn seine zweite Zeile, die zweite von dreizehn, dass er mit der ersten, als wolle er der zweiten vorbeugen, offenbar ein Gegenmittel nennt: Er verspürt *Lust, etwas* anderes *zu lesen,* sich ablenken zu lassen, nüchtern zu werden. Was es ist, wird nicht genannt. Ein Sachbuch vielleicht, denn in der dritten Zeile erinnert er sich an seine Studentenzeit. Überhaupt helfen die elf anderen Zeilen kaum weiter, den Quell der zweiten zu finden. Sie spielen mit surrealistischen Verkehrungen. Sie zeichnen eine kopfstehende Welt. Sie sind vielleicht der Tribut an Junta und Zensur. Eingeweihte mögen Verschlüsselungen geknackt und Anspielungen verstanden haben. Das Gedicht als Kassiber und seine Wörter als Code. Geheimsprache.

Me sangra la poesía por la boca. Eine einzige Zeile nennt den Preis der Wahrheit. Sie selbst ist nur zu ahnen. Ein starkes Bild. Dreissigtausend *Desaparecidos.* Videla musste dafür nur fünf Jahre ins Gefängnis. Die Zeile blutet immer noch.

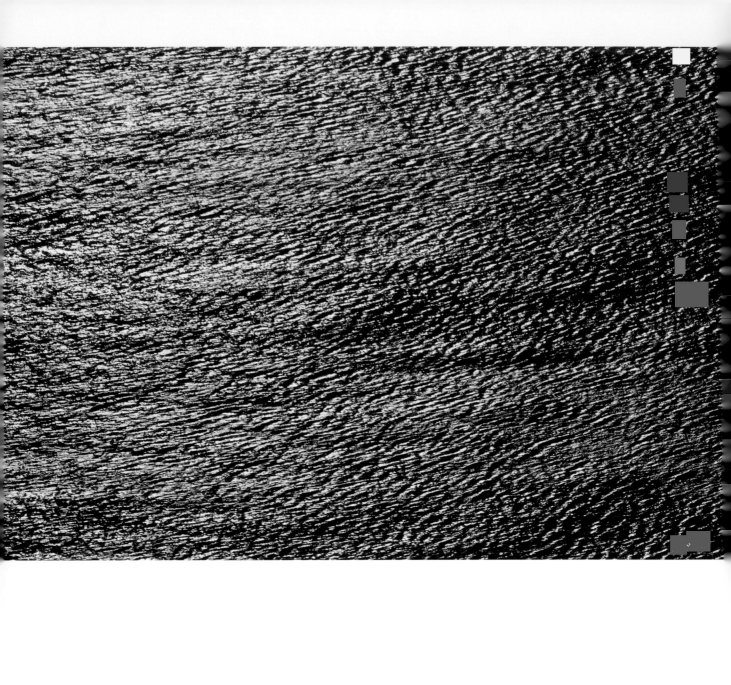

Im August machten wir uns auf die Reise nach Wien, die wir für einige Stunden in Zürich unterbrachen. Die Mutter liess die Kleinen unter der Obhut von Miss Bray im Wartesaal zurück und nahm mich in einer Drahtseilbahn auf den Zürichberg mit. Der Ort, wo wir ausstiegen, hiess Rigiblick. Es war ein strahlender Tag, und ich sah die Stadt weit ausgebreitet vor mir, sie schien mir ungeheuer, ich begriff nicht, dass eine Stadt so gross sein könne. Das war etwas vollkommen Neues für mich, und es war ein wenig unheimlich.

Elias Canetti,
Die gerettete Zunge, 1977.

ICH ERINNERE MICH AN MEINEN ERSTEN BLICK AUF DAS MEER. Es war der erste Urlaub mit unserem ersten Auto. Es war an der Nordsee. Meine Eltern hatten mich vorbereitet. Dass da ein Deich wäre, dazu bestimmt, das Wasser aufzuhalten, wenn es hochginge. Dass das Meer *Ebbe und Flut* hätte, weshalb mal viel Wasser und mal wenig zu sehen wäre. Wenig aber wäre eigentlich gefährlicher, weil man nur als Einheimischer wüsste, wann es wieder stiege. Und dann war da plötzlich dieser Deich, und der Weg mit der alten Pflästerung führte geradewegs auf ihn zu, und am Ende der Weges war ein Spalt im Deich, so breit, das ein Auto durchpasste, ein *Deichtor,* sagten sie mir, das geschlossen würde, wenn die Flut hochzugehen drohte. Aber es war offen, und wir stiegen aus und liefen die letzten Meter leicht aufwärts, und es wurde immer aufregender. Bis dann plötzlich das *Meer* zu sehen war und ich wie erstarrt stehen blieb, damals vielleicht sechs Jahre alt, und die Hand meiner Mutter suchte, so überwältigend war das Meer. So *ungeheuer* gross. So *unheimlich* weit.

Elias Canetti war gerade acht Jahre alt und sprach schon fünf Sprachen und kannte schon drei Länder. Das vierte lag vor ihm. Zürich, wo er lange leben würde, war jetzt nur eine kurze Pause auf der Reise von Lausanne nach Wien. Das war 1913. Eine Pause zwischen zwei Zügen. Der Achtjährige hatte im grösseren Manchester gelebt und würde im noch grösseren Wien leben, aber nun sah er erstmals Zürich, und siehe, die Stadt lag *weit ausgebreitet* und schien ihm *ungeheuer* und war *so gross* und ein *wenig unheimlich.* Canettis Zürich 1913.

Nie habe ich meinen ersten Blick aufs Meer vergessen. Er hat sich eingebrannt in die Netzhaut der Erinnerung. Unzählige Male habe ich seither Meere gesehen, viele und viel grössere. Die Nordsee wurde mit jedem Wiedersehen kleiner. Ihre erste Grösse erreichte sie nie wieder. Canetti erinnert sich als alter Mann, nachdem er lange in Zürich gelebt hat. 1916–21 zum ersten Mal, mit Schulbesuch im Gymnasium *Rämibühl.* Dann wieder 1972–94. Ich habe ihn sogar gesehen auf der Strasse. In Zürich ist er gestorben und begraben, der Mann, der Bulgarien, England, Österreich, Deutschland und die Schweiz bewohnt und Spanisch, Bulgarisch, Englisch, Französisch und Deutsch fliessend gesprochen, aber nur auf Deutsch geschrieben hat. Unzählige Male hatte er später Zürich gesehen, aber das erste Mal war immer noch da.

Erstlinge bleiben gross auf der Netzhaut der Erinnerung. Auch der erste Schultag, die erste Liebe, der erste Vulkan, der erste Leichnam. Warum? Ist es, weil im ersten Erleben das Vorgestellte sich unvermittelt zeigt, das Undimensionierte plötzlich Dimensionen gewinnt, das Ersehnte und Fantasierte sich überraschend zu seiner eigenen Wirklichkeit entpuppt? Während jedes Déjà-vu das erstmals Grosse verkleinert, das erstmals Ungeheure entzaubert, das erstmals Unheimliche banalisiert?

Die Apokalypse macht Menschen den Vorwurf, die *erste Liebe verlassen zu haben* (Offb 2,4), aber kann er überhaupt anders? Oder bezieht sich der Vorwurf darauf, die Netzhaut der Erinnerung nicht ernst zu nehmen, sie erwachsen zu belächeln, sie vergessen zu haben?

Dem Bürger fliegt vom spitzen
Kopf der Hut,

In allen Lüften hallt es wie
Geschrei.

Dachdecker stürzen ab und
gehen entzwei,

Und an den Küsten – liest
man – steigt die Flut.

Der Sturm ist da, die wilden
Meere hupfen

An Land, um dicke Dämme zu
zerdrücken.

Die meisten Menschen haben
einen Schnupfen.

Die Eisenbahnen fallen von
den Brücken.

Jakob van Hoddis,
Weltende, 1918.

ALLES SCHON ERLEBT. Als das Orkantief *Lothar* am zweiten Weihnachtstag 1999 über die Schweiz zog, flog zwar kein *Hut,* aber die Kiefer im Garten fiel um, nachdem ich wenige Sekunden vorher an ihr vorbeigelaufen war, um ein grosses Tor zuzubinden, das immer wieder aufgesprungen war. Bevor *Lothar* da war, lag über dem See von Zürich ein tiefes Dröhnen, so unheimlich, als wäre irgendwo ein schweres Gefecht im Gang. Als der Tsunami am zweiten Weihnachtstag 2004 von der Andamanensee her die Küsten Indonesiens und Thailands überrannte, *stieg* nicht nur *die Flut,* sondern die *wilden Meere hupften an Land,* um nicht nur Dämme zu *zerdrücken.* Unvergessliche Bilder natürlicher Gewalt lieferten uns die Medien. Alles schon erlebt.

Dieses berühmte Gedicht, das erste in der berühmten Sammlung *Menschheitsdämmerung* von Kurt Pinthus, wird bald hundert Jahre alt. Die Sammlung erschien 1920. Sie ist geprägt vom Ersten Weltkrieg, von der Russischen Revolution, vom Untergang der Kaiser und Könige. Bereits drohten Inflation und Arbeitslosigkeit. Die jungen staatlichen Systeme waren brüchig und prekär. Nach der *Götterdämmerung,* dem altnordischen Mythos vom Untergang der Götter, den Wagners Oper von 1876 zelebriert hatte, gab Pinthus die *Menschheitsdämmerung* heraus, eine Anthologie expressionistischer Gedichte, die den Untergang der Menschen zelebriert. Nicht umsonst heisst das erste Gedicht *Weltende.*

Wovon singt der Abgesang des Menschen? Was genau geht unter? Was endet? Orkantiefs und Tsumanis gab es immer schon und wird es immer wieder geben. Abstürzende Dachdecker und Eisenbahnen auch. Fortfliegende Hüte sowieso. Was genau geht in diesem expressionistischen Gedicht, einem Klassiker, zu Ende?

Der *Bürger* ist zur Karikatur geworden. Er hat einen *spitzen Kopf.* Ist ein Strichmännchen. Entseelt ist er. Die Naturgewalt aber ist ins Dämonische mutiert. In den *Lüften* ist *Geschrei* zu hören. *Wilde Meere hupfen* wie losgelassene Geister. Die *Flut steigt* als Seeungeheuer aus dem Meer. Beseelt sind sie. Der Mensch aber wirkt seelenlos wie Materie. Dachdecker *gehen entzwei* wie Puppen, und Eisenbahnen *fallen* wie Spielzeug. Die Welt des Menschen erscheint als Puppenstube, als Modellbau, als Sandkasten. Jemand rempelt sie an, und alles fällt durcheinander. Je seelenloser der Mensch, umso beseelter die Natur. Totgeglaubte Dämonen kehren wieder, untote Geister gehen um, Fabelwesen als Wiedergänger.

Folgt unabwendbar die *Menschheitsdämmerung,* wenn der Vorhang der *Götterdämmerung* gefallen ist? Verliert sich der Mensch, nachdem er die Götter verloren hat, in seiner selbstgebastelten Welt? Führt eine Welt ohne Gott zwangsläufig zu einer Welt ohne Mensch?

Jakob *van Hoddis* war der Künstlername von Hans *Davidsohn.* Nomen est omen. Wie das Anagramm des Nachnamens die Familienbande auflöste, so löste sich die Persönlichkeit des Dichters zusehends auf. Verlassenes Gymnasium, aufgegebenes Studium, ausgewechselte Religion, Kleinwüchsigkeit und Unstetigkeit, mit 25 Jahren schizoide Phänomene und mit 46 in einer geschlossenen Anstalt. 1942 schliesslich ist er in einem Konzentrationslager verschollen. Der Dichter erlitt, was er 1918 prophezeite. Nach dem Abgang des Göttlichen und des Menschlichen bleibt nur das *tohuwabohu.*

Es liegt ein sonderbarer Quell der Begeisterung für denjenigen, der spricht, in einem menschlichen Antlitz, das ihm gegenübersteht; und ein Blick, der uns einen halbausgedrückten Gedanken schon als begriffen ankündigt, schenkt uns oft den Ausdruck für die ganze andere Hälfte desselben. Ich glaube, dass mancher grosse Redner, in dem Augenblick, da er den Mund aufmachte, noch nicht wusste, was er sagen würde. Aber die Überzeugung, dass er die ihm nötige Gedankenfülle schon aus den Umständen, und der daraus resultierenden Erregung seines Gemüts schöpfen würde, machte ihn dreist genug, den Anfang, auf gutes Glück hin, zu setzen.

Heinrich von Kleist,
Über die allmähliche
Verfertigung der Gedanken
beim Reden, 1806.

LETZTHIN FIEL MIR KLEIST EIN. Ich sass in einem renovierten Eisenbahnschuppen beim Bahnhof. Bilder eines lokalen Künstlers hingen an der Wand. Jazz war angekündigt. Vier junge Männer waren es, zwei Schweizer und zwei Serben. Sie hatten sich vor einigen Stunden zum ersten Mal gesehen und am Nachmittag zum ersten Mal miteinander gespielt. Nun das Konzert. Es war Jazz vom Feinsten. Sie spielten, als hätten sie schon immer miteinander gespielt. Mich faszinierten Blickkontakte und Mienenspiele, kleinste Fingerzeige. Wie sie sich überraschten, begeisterten, zulächelten. Mimik und Gestik waren Elemente des Spiels.

Kleist fiel mir ein. Das *Antlitz* als *Quell der Begeisterung,* nicht das Gesicht, nein, das *Antlitz!* Der *Blick* als *Ausdruck* des Begreifens, nicht das Auge, nein, der *Blick!* Nicht um gefällige Maske geht es, um Schminke und Mascara, nein, um den *Gedanken,* den der *Blick* in einem *Antlitz* gebiert und der sich zur *Gedankenfülle* vergrössert, sofern er das *Gemüt erregt,* Resonanz erzeugt und begeistert. Nicht um Gefallen geht es, nein, um Gemüt! Treffen also Blick auf Blick und Antlitz auf Antlitz, trifft Gedankenfülle auf Gemütserregung, so werden Sagen und Gesagtes gleichzeitig. Geistesgegenwart tritt ein. Präsenz.

Davon lebt guter Jazz, von Geistesgegenwart und Zusammenspiel. Nur eine kleine Abmachung haben sie, nur eine Tonfolge, ein paar Takte nur. Wie es werden wird, wissen sie nicht, wenn sie *auf gutes Glück hin* starten. Wenn es verklungen ist, was sie so *dreist* miteinander entwickelt haben, werden sie es exakt so, wie es war, nie wieder spielen können. Improvisation, die Seele des Jazz, entwickelt Unikate, einmalige Klanggebilde, die im Moment, da sie erklingen, alles sind, und im Moment, da sie verklingen, zunichte werden. Der Augenblick ist ihre Zeit.

Wie anders würden Reden klingen, wenn der *Redner, in dem Augenblick, da er den Mund aufmachte, noch nicht wüsste, was er sagen würde?* Wenn er, statt auf Gegner zu schielen oder auf Claqueure zu hoffen, ein Antlitz vor sich hätte, aus dem ein Blick hervorginge? Wenn er, statt hundertmal gehörte Ideologie zu verbraten, aus dem *sonderbaren Quell der Begeisterung* Neues begriffe, das ihm nicht verfügbar ist wie ein Objekt, sondern als Subjekt gegenüber steht? Wenn er, statt sich in Floskeln zu flüchten und hinter gelenkter Sprache zu verbergen, ins offene Sprachspiel tauchte und aus der Fülle der Gedanken neue Sprache schüfe? Mit der Grammatik des Gemüts statt der Macht.

Und die Pastoren? Wie anders wären Predigten beschaffen, wenn sie nur einen Halbvers hätten, den aber auswendig, nur eine Tonfolge, die aber im Schlaf, nur eine kleine Abmachung, die aber zuverlässig? Wenn sie aus dem Gegenüber des Geistes heraus improvisierten und explizierten, *auf gutes Glück hin* und auch ein wenig *dreist?* Wenn sie sich der Geistesgegenwart des Improvisierens hingäben? Vielleicht auch mal einem Dialog mit dem Altsaxofon, ohne von vornherein das letzte Wort schon zu kennen? Vielleicht, weil es ein letztes gar nicht gibt?

Ein freudlos erlösung-
heischend Geschlecht,

Des Jahrhunderts verlorene
Kinder,

So taumeln wir hin! wes
Schmerzen sind echt?

Wes Lust ist kein Rausch? wer
kein Sünder? ...

Selbstsucht treibt alle, wilde
Gier nach Gold,

Unersättlich Sinnengelüste,

Keinem einzigen ist Mutter
Erde hold –

Rings graut nur unendliche
Wüste!

Chaotische Brandung wirr
uns umtost;

Verzehrt von dämonischen
Gluten,

Von keinem Strahl ewigen
Lichts umkost,

Müssen wir elend verbluten ...

*Wilhelm Arent,
Des Jahrhunderts
verlorene Kinder, 1885.*

DIESES GEDICHT WAR EIN LITERATURGESCHICHTLICHER GONGSCHLAG. Wilhelm Arent, Dichter in Berlin, gab im Selbstverlag die Anthologie *Moderne Dichter-Charaktere* heraus. Sie enthielt 220 Gedichte und eröffnete die kurze Epoche des *lyrischen Naturalismus* von 1885 bis 1893. Geblieben sind von ihr Namen wie Hermann Conradi, Arno Holz, Gerhart Hauptmann und Richard Dehmel. Die vielen *poetae minores* aber, darunter auch der Initiant Wilhelm Arent, sind längst vergessen.

Worin lag der Gongschlag? Dieses Gedicht, das die Sammlung eröffnete wie sonst ein Widmungsgedicht, eine *Zueignung oder Dedikation*, war für einmal keinem Sieger oder Gewinner gewidmet, keinem Freund oder Gönner, keiner irgendwie gearteten, aber jedenfalls positiven Leitfigur, sondern den *verlorenen Kindern des Jahrhunderts,* die ein *freudlos erlösungheischend Geschlecht* sind, unversöhnlich mit der eigenen Zeit und daher nur noch auf Eskapismen aus.

Was war passiert? Berlin erlebte seine *Gründerzeit.* Neue Quartiere schossen wie Pilze aus dem Boden, neue Strassen, Plätze, Kirchen. Die *Mietskaserne* mit mehreren Höfen wurde entwickelt, jeder Hof nach Bauvorschrift *mindestens so gross, dass eine pferdegezogene Feuerwehrspritze darin wenden* konnte. Neue Industrien entwickelten sich wie Rizinusstauden, zogen von allen Seiten Menschen an, spitzten *die soziale Frage* zu. Nur 40 % der Einwohner waren in Berlin geboren. Die Stadt erhielt Bahnhof um Bahnhof. Der Reichtum der *Belle Epoque* und ihrer Fassaden kontrastierte aber mit dem Massenelend und der Armut der Hinterhöfe. 1879 gab es das erste *Volksbad*, denn Mietskasernen hatten keine Bäder.

Worin lag der Gongschlag? Der Naturalismus gab den Verlierern des plötzlichen Aufschwungs eine Stimme. Lyrik war nicht mehr dem *Erhabenen* vorbehalten. Dichtung begab sich in die Niederungen des Alltags. Das Wort tauchte ein in Schmutz und Not. Die Versfüsse tanzten im grauen Hinterhof. Die Metapher trug den Ekel aus. Engagierte Lyrik war dies, politische und soziale.

Das Gesagte allerdings klingt so modern, wie es hundertdreissig Jahre später klingen würde. *Selbstsucht* und *Gier* regieren den Aufschwung: das Habenwollen. *Rausch* und *Sinnenlust* füllen die Leere: das Flüchtenkönnen. *Schmerz* und *Verbluten* hausen hinter dem schönen Schein der neuen Fassaden: das Verlierenmüssen. Droge, Taumel, Verwirrung. Die schöne neue Welt ist in Wahrheit *grau. Mutter Erde* hat ihre Kinder verloren, und die vaterlose Gesellschaft ist ein *erlösungheischend Geschlecht.* Die Zeit der Gründer und Emporkömmlinge wird als Zeit gleichzeitigen Untergangs beklagt, die Renaissance des Kaiserreichs als Apokalypse der Masse.

Apokalypse und *Erlösung* passen zueinander. Wenn der Mensch den Menschen verloren hat, ist *Versöhnung* keine Möglichkeit mehr. Im *Jammertal* der entseelten Welt bringt kein Himmelsstrahl mehr Licht. Sie kann nur noch verbrennen, *verzehrt von dämonischen Gluten.*

Was ist hundertdreissig Jahre später anders? Was genau? Wie anders? Lohnt es sich heute, freudvoll von *Versöhnung* zu reden? Oder können wir nur noch freudlos auf *Erlösung* warten? Wer ist, der da nicht *taumelt* bei solchen Fragen?

See.
Der See.
Versunken
die Ufer. Unter der Wolke
der Kranich. Weiss,
aufleuchtend
der Hirtenvölker
Jahrtausende. Mit dem Wind

kam ich herauf den Berg.
Hier werd ich leben. Ein Jäger
war ich, einfing mich
aber das Gras.

Lehr mich reden, Gras,
lehr mich tot sein und hören,
lange, und reden, Stein,
lehr du mich bleiben, Wasser,
frag mir, und Wind,
nicht nach.

Johannes Bobrowski,
Ebene, 1962.

LETZTHIN, als ich in einer östlich gelegenen Stadt Deutschlands zum Bahnhof eilte, habe ich sie plötzlich über mir gesehen: Kraniche, die in einem riesigen Schwarm vorüberzogen. Herbst war. Graukraniche waren es. *Grus grus.* Mit fast zweieinhalb Metern Spannweite flogen sie. Sie formten einen ungleichen Keil. Ein herbstliches Schauspiel der Natur, alle Jahre wieder.

Ein halbes Jahr zuvor, an einem See in der Mongolei, haben wir sie beim Vorbeifahren entdeckt: Kraniche, etwa hundertfünfzig habe ich gezählt. Frühling war. Jungfernkraniche waren es. *Anthropoides virgo.* Die kleinste der Kranicharten. Als wir ihnen zu nahe kamen, flogen sie auf, um laut trompetend über uns zu kreisen. Ein herrliches Theater in menschenleerer Natur.

Johannes Bobrowski, der Dichter, lebte, wo Kraniche zu Hause sind. Im Grenzland von Ostpreussen, Südlitauen, Nordpolen. *See, Ufer* und *Wolke* beschreiben seine Welt, auch *Gras, Wasser* und *Stein.* Über allem aber der *Kranich.* Vielleicht der letzte Zeuge einer untergegangenen Welt aus Hirten und Jägern: am Himmel der nomadische Vogel, auf dem Boden der nomadische Mensch. In der Mongolei gibt es beide noch: Kranich und Mensch, nomadisch und völlig selbstverständlich.

Was in der verschwundenen Welt eines Johannes Bobrowski stimmungsbildend war, ist in den unberührten Welten der Mongolei noch zu spüren: die *Jahrtausende* der *Hirtenvölker,* die Zeitlosigkeit einfachen Daseins, der Lebenskreis basaler Verrichtungen, die Zeitlupe einer grossen und endlosen, einer geradezu elementaren und mythischen Weite. Die vorzeitliche *Ebene.*

Die Zeit ist dort nicht zerlegt und getaktet. Der Raum ist dort nicht katasterisiert und kartografiert. Strassen findet man nicht auf Landkarten. Tagesläufe folgen keinen Einsatzplänen. Gras dominiert Teer. Bergketten und Flussläufe verschaffen Orientierung, Menschen so gut wie Vögeln. Schilder gibt es so wenig wie Strassen. Wenn Fahrer sich treffen und plaudern, geht es um Wasserstände von Flüssen, die man durchqueren, oder schwer erkennbare Moraste, die man meiden muss. Leben ist hier elementar. Zur Not muss man sich am eigenen Schopf aus dem Sumpf ziehen. Die urtümliche *Ebene.*

Leben war für Bobrowski so elementar, dass *tot zu sein* nicht bedeutet, geendet zu haben, sondern *versunken* zu sein wie gelegentlich ein Ufer, wenn der Wasserstand mal zu hoch ist. In der Elementarität verschwinden Tod und Leben. Der Gewesene ist ein zu sich selbst Gekommener und wird Bruder von *Gras* und *Stein, Wasser* und *Wind.* Er tritt ein in sein Wesen, wird selbst Element und versteht die Elemente: Gras hört er wachsen und Steine reden. Wasser, das immerzu fliesst, lehrt ihn zu bleiben, und den Wind, der das Echo verträgt, bittet er, ihm nicht nachzugehen. Elementar wird er wie im Gras mongolischer Landschaften die immerzu begegnenden Schädel, Gebisse, Skelette verendeter Tiere. Erde zu Erde, Staub zu Staub. Unverloren.

Der Mensch elementar, die Elemente menschlich. Bobrowski wird zum Bruder der Elemente, wie bei Orpheus die Tiere und bei Franziskus die Gestirne Geschwister sind. Für den Dichter ist die *Ebene* der Raum des Elementaren. In der Mongolei sind es die weiten Täler, die dasselbe Empfinden evozieren: aufgehoben zu sein und eins zu werden.

Die ihre Häuser ohne Fenster
bauen

Kein Lichtschein nachts

Weil Lichtschein Gefahr
bedeutet

Die ihre Ohren verstopfen

Ihre Augen nach innen
drehen

Weil Sehen und Hören

Gefahr bedeutet

Die nicht ja sagen nein sagen

Weil Jasagen Neinsagen
Gefahr bedeutet

Sie bleiben am Leben.

Marie Luise Kaschnitz,
Vorsicht, 1970.

MIZARU, KIKAZARU, IWAZARU HEISST DAS JAPANISCHE MOTTO, das mit *nichts sehen, nichts hören, nichts sagen* übersetzt und gerne mit drei Affen dargestellt wird. Solches Unterlassen rät Konfuzius einem Schüler für den Fall, dass ihm ein Verhalten begegnet, das sittlich nicht angemessen ist. Weil *zaru* für *Verneinung* fast so klingt wie *saru* für *Affe*, ist das Wortspiel für Japaner schnell verbildlicht.

Im alten Japan stehen die drei Affen für die richtige Haltung eines Weisen, der über Unschickliches vornehm und tugendsam hinwegsieht. Er erweist sich als stark, indem er das Ungebührliche übersieht. Er straft es, indem er es ignoriert. Der Übersehene ist genichtet. Das Motto hat hier einen positiven Sinn! Es steht für Stärke. Wie anders im Gedicht von Marie Luise Kaschnitz! Hier steht das Motto für Schwäche. Hier hat es einen negativen Sinn. Hier wollen irgendwelche Leute, wer genau, wird nicht näher erkennbar, einer *Gefahr* ausweichen, sie nicht wahrhaben, sie ignorieren. Die weisen Affen Japans werden hier zu den törichten Affen Europas.

Offenbar haben diese Europäer eine Kriegserfahrung hinter sich, denn sie bauen ihre Häuser gleich *ohne Fenster:* So ersparen sie sich prophylaktisch den Stress der Verdunkelung. Mit ihren Ohren machen sie, was Hörempfindliche tun, bevor sie in die Disco gehen: Sie schützen ihr Gehör vor zu viel Dezibel. Mit ihren Augen hingegen machen sie, was niemand kann, nicht mal das perfekt angepasste Chamäleon, das seine Augen immerhin unabhängig voneinander nach allen Seiten rollen kann, nie aber *nach innen*. Die Klimax zielt ins Absurde: Ohrenstöpsel gehen ja noch an, obwohl man die *Disco* ja eigentlich wegen der *Disc* aufsucht, wegen der Scheibe, von der das Gedröhn kommt. Das Augenverdrehen aber ist bereits absurd, weil es physiologisch nicht geht, während das, was physiologisch ginge, nämlich einfach die Lider zu schliessen, der Gefahr offenbar zu wenig entgegensetzt.

Die dritte Stufe der Klimax signalisiert den Gipfel der Absurdität: Die Grundwörter *Ja* und *Nein* werden vermieden, weil sie *Gefahr bedeuten*. Man stelle sich das vor: Einen Diskurs, eine Kommunikation, einen Lebenszyklus ohne *Ja* und *Nein*, ohne Entscheidung und Verpflichtung, ohne Standpunkt. Die Dichterin beschreibt Leute, die genau nicht tun, was Jesus seinen Schülern für den Fall rät, dass sie die Wahrheit einer Aussage durch Schwören bekräftigen wollen: *Euer Ja sei ein Ja, und euer Nein sei ein Nein. Jedes weitere Wort ist von Übel.* (Mt 5,37) Sie sollen auf Schwüre und Eide verzichten, dafür aber eindeutig, die Linguisten würden sagen: eineindeutig sein im *Ja* und *Nein*. Nicht *Ja* und *Nein* sind von Übel, sondern *jedes weitere Wort*.

Genau genommen tun die Leute hier aber noch weniger: Von Eiden und Schwüren ist keine Rede mehr, denn wie gefährlich wären diese erst, wenn das, was Jesus statt ihrer empfiehlt, bereits gefährlich ist? Hier ist alles fixiert, denn alles *bedeutet Gefahr.* Hier lebt das Leben im Stupor, der das Kaninchen vor der Schlange überfällt.

Kein Zweifel, dass Leben gefährlich ist und Lebensgefahr auf Schritt und Tritt besteht. Der Stupor der törichten Affen Europas ist aber keine Massnahme der *Vorsicht*, sondern ein Rat der Angst. Der seinen Schülern riet, mit Ja und Nein mutig Standpunkte einzunehmen, hat sie auch getröstet: *In der Welt habt ihr Angst; aber seid getrost, ich habe die Welt überwunden.* (Joh 16,33b)

Der Regen schadet nichts,
als dass er uns die Lust

Nur tausendmal verschönt
und angenehmer machet.

Die Sonn nach hartem Strauss
mit klaren Strahlen lachet.

Der Himmel säuget nur die
Erd mit seiner Brust.

Er ist der Nektar-Trank, der
lusterweckend Must.

Er schläft die Sonne ein,
dass sie nur frischer wachet.

Der kurz-verdeckte Schein
mehr Gier und Zier ursachet;

Entziehung Wünschen mehrt,
wie jedermann bewusst.

Er ist des Himmels Geist,
der sich hell destillieret,

Der Balsam, der die Welt mit
Blumen-Ruch erfüllt,

Wenn Gott der Wolken Glas
zerbricht, mit Freuden quillt.

Als himmlische Tinktur mit
Gold die Erden zieret.

Es ist der Segensaft aus
Gottes Mund herfliesset,

Des Wollust-Nutzbarkeit das
ganze Land geniesset!

*Catharina Regina von
Greiffenberg,
Über ein lustbringendes
Regenlein, 1662.*

EIN SCHALL, EIN SONETT, EIN KLANGGEDICHT. Wer die Ohren spitzt, während das Gedicht ertönt, hört den Regen rinnen. Wer die Augen schliesst, während die Verse klingen, sieht die perlenden Wunder des Wassers. Der Barock liebt die Leidenschaft, und seine Palette der *Pathoi* ist reich. Seine Maler bringen Gewölbe in illusionäre Bewegung: Wolken brodeln, und Heerscharen singen vor offenen Himmeln. Seine Komponisten bringen Kirchen in Schwingung: vom *passus duriusculus,* der leidend hinabführt ins Schweigen des Todes, bis zur attacca subito, die atemberaubend Girlanden der Auferstehung flattern lässt. Seine Dichterinnen und Dichter aber lassen die Herzen hüpfen oder schmelzen, zerreissen oder erzittern. So auch die Freiin von Seyssenegg in Niederösterreich.

Sprache, die zur Verfügung steht, reicht nun nicht mehr aus für das, was einmal geweckte Leidenschaften ihrerseits wecken. Im *raptus evangelicus,* der die Poetin erfasst, in religiöser Verzückung, die sie beflügelt, verliert sie rasch die alten Wörter und findet flugs ganz neue. Catharina Regina von Greiffenberg ist eine Meisterin barocker Sprachalchemie. In ihren Gedichten rumort es nur so. *Wollust-Nutzbarkeit,* wer hätte derlei je gehört, je geträumt, je gewagt? Der *lusterweckend Must,* wer hätte derlei je gebraut, je gekauft, je getrunken? *Blumen-Ruch,* was soll das sein? *Segensaft,* wer stellt ihn her? Mehrfach muss man das Klanggedicht rezitieren, um zu hören, zu sehen, zu riechen, was da abläuft, wenn es so berauschend regnet.

Doch schon erfasst einen das zweite Wunder: Das *lustbringend Regenlein* steht voll und ganz für Lebensfreude, nicht etwa für Weltschmerz und Tristesse, Einsamkeit und Melancholie. Unter hundert Gedichten über den Regen gibt es sehr viele, die Niedergang evozieren, aber kaum eines, das wie dieses Sonett Aufschwung bezeugt. Die Dichterin weiss sehr wohl, dass sie gegen eine festgelegte Metapher andichtet: Ihr *Regen schadet nichts,* jedenfalls nicht hier bei ihr. Anderswo geht er nieder und erniedrigt, durchnässt und erkältet, hier aber belebt er und erhebt.

Wie im alten Ägypten die Himmelsgöttin den Erdengott mit ihren Brusten tränkt, ist hier der Regen die himmlische Milch, die Wachstum sichert. Wie im alten Griechenland Nektar und Ambrosia die Götter nähren, ist hier der Regen der göttliche Saft, der die Welt erfrischt und verjüngt, ja geradezu aufgeilt. Wie im Alten Testament der Schöpfer seinem Geschöpf den *Lebensatem* persönlich in die Nasenlöcher bläst (Gen 2,7), ist hier der Regen der anfängliche Speichel, der aus dem Munde Gottes tropft. Wie im alten Indien die Menschen nach der Trockenzeit den Monsun begrussen, indem sie auf der Strasse tanzen und sich bis auf die Haut durchnässen lassen, ist hier ein Klanggedicht entstanden, mit dem die Freiin von Seyssenegg durch den Regen des Alpenvorlands tanzt. Was für ein Schall! Fromm zu sein ist hier eine Lebenslust. Dieses *Regenlein* macht geradezu geil auf Gott. Unglaublich.

103

O reiche Armut! Gebend,
seliges Empfangen!

In Zagheit Mut! in Freiheit
doch gefangen.

In Stummheit Sprache,

Schüchtern bei Tage,

Siegend mit zaghaftem
Bangen.

Lebendiger Tod,
im Einen sel'ges Leben

Schwelgend in Not,
im Widerstand ergeben,

Geniessend schmachten,

Nie satt betrachten

Leben im Traum und doppelt
Leben.

Karoline von Günderrode,
Liebe, 1804.

OXYMORON HEISST DIE STILFIGUR, die hier *sinndumm* oder *scharfstumpf* auf die Spitze getrieben ist. Das griechische Wort ist selbst, was es sagt: ein *alter Knabe* oder ein *stummer Schrei*. Beim Zählen komme ich auf zwölf *schwarze Schimmel*. Oder sind es *weisse Rappen*? Nur wenige Wörter weichen ab und wollen sich nicht so recht zum Oxymoron fügen.

Die alles beherrschende rhetorische Figur ist aber nicht die einzige Merkwürdigkeit. Eine zweite ist das Fehlen jeder Syntax. Kein Hauptsatz und kein Nebensatz sind hier zu finden, kein Subjekt und kein Prädikat. Hingeworfene Beschreibungen sind dies, lakonische Titel, rätselhafte Kleckse. Kaum, dass sich ein Gesamtbild einstellt.

Zu beiden Merkwürdigkeiten gesellt sich eine dritte. Stünde nicht *Liebe* als Titel über diesen beinahe surrealistischen Zeilen, wie wohl käme man darauf, dass sie es ist, die hier offensichtlich beschrieben wird? In keiner Zeile wird sie genannt. Wie viele, denen ich das Gedicht ohne Titel vorlegen wollte, mit der Aufgabe, ihm einen zu geben, würden wohl auf *Liebe* kommen?

Karoline von Günderrode war erst vierundzwanzig, als unter dem Pseudonym *Tian* ihre Gedichte erschienen. Als sie in der Nähe von Heidelberg den damals renommierten Philologen Friedrich Creuzer kennenlernte, stürzte sie in einen klassischen *amour fou*. Zwar wollte er ohne sie nicht sein, aber er war zu feige, sich für sie von seiner dreizehn Jahre älteren Frau zu trennen. Karoline war erst sechsundzwanzig, als sie sich am Rhein mit einem silbernen Dolch erstach.

Die rhetorischen Merkwürdigkeiten des Gedichts treten in ein anderes Licht, sobald die romantische Haltung des Dichtens erkennbar wird: Hier geht es nicht um gewollte Gestaltung, nicht um das *delectare* oder *persuadere* der Rhetorik, nicht darum, *gefallen* oder *überzeugen* zu wollen. Nein, es geht um die *vita poetica* selbst: Dichtend lebt die Dichterin in ihrem Gedicht. Ihre Dichtung ist ihr Leben selbst. Ihr Text ist nicht kunstvoll gestaltetes Objekt, das so oder so wirken soll. Nein, ihr Gedicht ist existenzielles Subjekt, das gerade nicht anders kann, als so zu reden, und es ist völlig bedeutungslos, was andere gerade darüber denken. Das Gedicht ist der romantische Schrei eines Menschen, den eine *verrückte Liebe* ergriffen hat. Nebenbei ist es auch der Beweis, dass die Epoche der literarischen *Romantik* nichts zu tun hat mit dem angeblich *romantischen* Liebeskitsch der kleinbürgerlichen Unterhaltungsindustrie. Dieser *amour fou* war tödlich.

Was aber, wenn Jede *Liebe* so ist, wie die Günderrode sie hier subjektiv erlebt? Die Bibel stellt sie direkt neben den Tod. Hochpoetisch, wo es um die erotische und sexuelle Liebe unter Menschen geht: *Stark wie der Tod ist die Liebe, / hart wie das Totenreich die Leidenschaft. / Feuerglut ist ihre Glut.* (Hld 8,6) Hochdramatisch, wo es um die väterliche und spirituelle Liebe zwischen Gott und Mensch geht: *So hat Gott die Welt geliebt, dass er den einzigen Sohn dahingab, damit jeder, der an ihn glaubt, nicht verloren gehe, sondern ewiges Leben habe.* (Joh 3,16) Das sind Texte wider die Verharmlosung der Liebe als Liebeskitsch. Ihnen steht die Dichterin nah. Diese Liebe ist *lebendiger Tod*. Man kann das Leben gewinnen in ihr, aber auch umkommen in ihr. Liebe ist nicht harmlos, und wenn sie es zu sein scheint, ist sie keine Liebe.

Ich erklärte meinem Bruder, dass die meisten Menschen gern mit ihresgleichen zusammen seien. Ich fragte ihn, warum er das nicht wollte.

Wer gleicht mir denn?, fragte Nicholas.

Christopher Coe,
Göttlich,
amerikanisch 1987.

VERSPIEGELT IST DAS HÄUFIG WIEDERKEHRENDE Kennwort dieses kleinen Romans. Ich kenne keinen anderen Text, in dem dieses Wort so häufig vorkommt: *Verspiegelt.* Es steht für seinen Protagonisten, der auf *verspiegelte* Weise sein eigener Held ist und ebenso sein eigener Antiheld.

Der Plot ist einfach: Nicholas ist der Bruder des Autors. Er hat Selbstmord begangen. Nun kommt der Erzähler nach New York, um den Nachlass zu sichten. Er findet in einem verspiegelten Rahmen ein lebensgrosses Foto seines Bruders. Es zeigt ihn in einer schwarzen japanischen Robe vor einer Mauer aus Totenschädeln, in der einen Hand eine Zigarette mit weissem Filter, in der anderen ein langstieliges Champagnerglas, das er sich gerade unterhalb des Kinns an den Hals führt. Durch dieses Bild kommt es zu episodischen Erinnerungen an den toten Bruder.

Das Foto zeigt eine Pose. Nicholas ist ungeheuer reich, überdurchschnittlich intelligent und ausserordentlich schön, der Jüngling *mit den weltweit schönsten Wangenknochen.* Nicholas weiss dies alles und posiert. Sein ganzes Leben ist eine Pose. Nicholas weiss, dass er *göttlich* wirkt: *I Look Divine,* mit Grossbuchstaben.

Das Foto zeigt einen Menschen, der in jeder Hinsicht ausgefallen ist. Ausgefallen schon aus der Zeit, denn die Pose, in der er gesehen werden will, entspricht dem *dandy* des *fin de siècle.* Ausgefallen auch aus der Zeitgenossenschaft, denn er ist in jeder Hinsicht unvergleichlich. Seinesgleichen gibt es nicht. *Wer gleicht mir denn?* Die Frage ist rhetorisch. Nicholas kennt seine Ausgefallenheit, sein Abgesondertsein, auch seine abgründige Einsamkeit.

Das Foto zeigt Narziss. Der schöne Jüngling der Antike ist über der Erkenntnis, dass er gerade eben im Spiegel einer Quelle sich selbst gesehen hat, erstarrt. So verharrt er im Anblick der eigenen Schönheit, bis er stirbt. Er verschmachtet vor sich selbst. Nicholas wird in seiner ganzen Existenz zur Pose und verliert dabei das Bewusstsein seiner selbst. *Warum sollte ich singen wie ich selbst?, fragte mein Bruder. Ich habe nie etwas wie ich selbst getan.*

Alles hat er, Schönheit, Reichtum, Intelligenz, aber sich selbst hat er nicht. Unvergleichlich ist er, schöner, reicher, intelligenter als alle, aber sein verspiegeltes Ich ist ihm entglitten. Die Pose auf dem Foto ist die Essenz eines ichentfremdeten Lebens. Ich bin nicht, also posiere ich! Was immer schon morbid war, ausgefallen und verworfen, endet zwangsläufig im Suizid. Aus der eigenen Ikone wird der eigene Ikonoklast. Die Pose landet auf der Deponie.

Nicholas ist ein Typ der Postmoderne. Selbsterkenntnis, Identitätsbildung, Ichstärke kennzeichneten die Moderne. Alles vorbei. Emanzipation aus selbstverschuldeter Unmündigkeit, Solidarisierung mit den Befreiten, Eigenverantwortung hatten ihr den Weg geebnet. Alles längst vorbei. In der Postmoderne erstarrt das Ich in seiner eigenen Ikone. Dort verharrt es, bis es sich endlich selbst verloren hat. Der Suizid ist nur der letzte Akt einer selbstinszenierten Selbstentfremdung. Indem Narziss sich selbst anstarrt, erkennt er sich und vernichtet den Erkannten. Hatte Tiresias, der Seher, nicht vorausgesagt, Narziss werde lange leben, ausser er erkenne sich selbst? Sichtung als Vernichtung, Erkenntnis als Entfremdung. Der Göttliche als Totenschädel. Das Foto war im mexikanischen Chichén Itzá aufgenommen worden. Die Totenschädel waren dort die Gewinner des archaischen Ballspiels. Die Besten waren einst die Toten. Postmoderner Atavismus.

DANK

Ich danke meinen Leserinnen und Lesern, die immer wieder mal meine Wochentexte aufrufen, für die Ermutigung, sie zu publizieren; meiner Kirche, die diese Texte gesehen und gedruckt haben möchte, für ihren Beitrag und ihre Unterstützung; nicht zuletzt Laura Hug für das sorgfältige Lektorat, das zu einem schönen Ergebnis geführt hat.

MK

53   R. S. Thomas, The Bright Field, in: Collected Poems 1945–1990; © R. S. Thomas 1993, published in 2000 by Phoenix, an imprint of Orion Books Ltd; Seite 302. – Prag, Tschechien; Juli 2015.

54   Wisława Szymborska, Die Gedichte. Herausgegeben und übertragen von Karl Dedecius; © der deutschen Ausgabe Suhrkamp Verlag Frankfurt am Main 1997. Alle Rechte bei und vorbehalten durch Suhrkamp Verlag Berlin; Seite 97. – Puerto Vallarta, México; Mai 2015.

55   Sargon Boulus, Das Kind hinter der Mauer, in: Sargon Boulus, Zeugen am Ufer (Das Arabische Buch 1997); © 2002 Verlag Hans Schiler; Seiten 40–41. – Prag, Tschechien; Oktober 2014.

56   Gioconda Belli, Liebe von Früchten, in: Gioconda Belli, Zauber gegen die Kälte; © Peter Hammer Verlag, Wuppertal 1992; Seite 8. – Seoul, Südkorea; Oktober 2014.

57   Johannes Urzidil, Von Odkolek zu Odradek, in: Die letzte Tombola, Artemis, Zürich 1971; Seiten 217–218. – Tulum, México; April 2015.

58   Han Fe-dse, in: Günther Debon (Hg.), Chinesische Weisheit; © 1989 Philipp Reclam jun. GmbH & Co. KG, Stuttgart; Seite 189.   Paris, Frankreich; Dezember 2013.

59   Angelus Silesius, in: Louise Gnädinger (Hg.), Angelus Silesius. Cherubinischer Wandersmann, Reclam, Stuttgart 1984; Seite 59. – Orchon-Aimag, Mongolei; September 2014.

60   Reed Gracev, Disput über das Glück, in: Tomaten. Acht Erzählungen; © 2014 (für die deutsche Ausgabe) bei FRIEDENAUER PRESSE, Katharina Wagenbach-Wolff, Carmerstr. 10, 10623 Berlin; Seite 68. – Vilnius, Litauen; April 2015.

61   Toni Morrison, Jazz; © Coron, Lachen 1994; Seite 113. – Vilnius, Litauen; April 2015.

62   Karl Stamm, Dichtungen 1; © Rascher, Zürich 1920; Seite 18. – Stuttgart, Deutschland; September 2012.

63   Zbigniew Herbert, Herr Cogitos Vermächtnis. 89 Gedichte; © der deutschen Ausgabe Suhrkamp Verlag Frankfurt am Main 2000. Alle Rechte bei und vorbehalten durch Suhrkamp Verlag Berlin; Seite 100. – Cobá, México; April 2015.

64   Kevin Ireland, Mururoa: The Name of the Place, in: Lauris Edmond / Bill Sewell, Essential New Zealand. Poems; © Godwit, Auckland 2007; Seite 132. – Antwerpen, Belgien; Februar 2015.

65   Fiona Farrell, Creed, in: Lauris Edmond / Bill Sewell, Essential New Zealand. Poems; © Godwit, Auckland 2007; Seite 93. – Prag, Tschechien; April 2015.

66   Arno Camenisch, Die Kur; © Engeler, Solothurn 2015; Seite 25. – Kyoto, Japan, Oktober 2014.

67   Julian Barnes, Levels of Life; © Vintage, London 2014; Seite 36 (Übersetzung: Julian Barnes, Lebensstufen. Aus dem Englischen von Gertraude Krueger; © 2015, Verlag Kiepenheuer & Witsch GmbH & Co. KG, Köln). – Arcachon, Frankreich; August 2013.

68   Bruce Chatwin, The Songlines; © 1987 by Bruce Chatwin. Used by permission of Viking Books, an imprint of Penguin Publishing Group, a division of Penguin Random House LLC. All rights reserved; Seite 2 (Übersetzung: Bruce Chatwin, Traumpfade, Carl Hanser Verlag, München). – Rio de Janeiro, Brasilien; Dezember 2012.

69   Tania Blixen, Schicksalsanekdoten; © Gyldendal, Kopenhagen 1958; Seite 53. – Vilnius, Litauen; April 2015.

70   David Wagner, Leben; © 2013 Rowohlt Verlag GmbH, Reinbek bei Hamburg; Seite 39. – Ömnö-Gobi-Aimag, Mongolei; September 2014.

71   Eva Strittmatter, Sämtliche Gedichte. Erweiterte Neuausgabe. (Das Gedicht erschien erstmals 1975 in Eva Strittmatters Gedichtband Mondschnee liegt auf den Wiesen); © Aufbau Verlag GmbH & Co. KG Berlin 1975, 2015; Seite 35. – Kyoto, Japan; Oktober 2014.

72   http://gregorien.info/chant/id/8435/9/de. – Vilnius, Litauen; April 2015.

73   Achim von Arnim / Clemens Brentano (Hg.), Des Knaben Wunderhorn; Mohr & Zimmer, Heidelberg 1808; Seiten 38–40. – Antwerpen, Belgien; Februar 2015.

74   Huldrych Zwingli, Die Klarheit und Gewissheit des Wortes Gottes, in: Thomas Brunnschweiler / Samuel Lutz (Hg.), Huldrych Zwingli, Schriften 1; © Theologischer Verlag Zürich, Zürich 1995; Seite 112. – Prag, Tschechien; Oktober 2014.

75   Ammianos, in: Hermann Beckby (Hg.), Anthologia Graeca. Buch IX–XI, Heimeran, München 1958; Seite 625 / Nummer 156. – Lakonien, Griechenland; Mai 2014.

76   Hilary Mantel, Endstation, in: Hilary Mantel, Die Ermordung Margaret Thatchers. Aus dem Englischen von Werner Löcher-Lawrence; © DuMont Buchverlag, Köln 2014; Seite 132. – Seoul, Südkorea; Oktober 2014.

77   Andreas Knapp, Gott, in: Andreas Knapp, Tiefer als das Meer. Gedichte zum Glauben; © Echter Verlag, Würzburg 2012; Seite 10. – Antwerpen, Belgien; Februar 2015.

78   Stefan Reichert. Halber Tag in der Fremde. Gedichte und Prosa 1964–1980. Hg. von Dierk Rodewald. München 1992 (in Kommission: Lyrik-Kabinett) © Dierk Rodewald; Seite 11. – Altas Montanas, México; April 2015.

79   Walt Whitman, Song of Myself, Vintage, London o. J.; Seiten 32–33. – Tulum, México; April 2015.

80   Klaus Hermsdorf (Hg.), Franz Kafka. Das erzählerische Werk I, Rütten & Loening, Ostberlin 1988; Seite 378. – Tulum, México; April 2015.

81   Nelly Sachs, Völker der Erde, in: Nelly Sachs, Werke. Kommentierte Ausgabe in vier Bänden. Herausgegeben von Aris Fioretos, Band 1: Gedichte 1940–1950. Herausgegeben von Matthias Weichelt; © Suhrkamp Verlag Berlin 2010. – Kyoto, Japan; Oktober 2014.

82   Gabriele Wohmann, Verjährt, in: Werner Bellmann / Christine Hummel (Hg.), Deutsche Kurzprosa der Gegenwart, Reclam, Stuttgart 2008; Seite 13. – Vilnius, Litauen; April 2015.

83   Sándor Márai, Das Vermächtnis der Eszter; © 2000 Piper Verlag GmbH, München; Seite 142. – Prag, Tschechien; Juli 2015.

84   Albin Zollinger, Sternfrühe, in: Silvia Weimar (Hg.), Albin Zollinger. Gedichte, Artemis, Zürich 1983; Seite 121 – Cobá, México; April 2015.

85   Alai, Ferne Quellen; © Unionsverlag, Zürich 2009; Seite 7. – Vilnius, Litauen; April 2015.

86   Tsering Öser, Erinnerungen an eine mörderische Fahrt, in: Alice Grünfelder (Hg.), Flügelschlag des Schmetterlings. Tibeter erzählen, Unionsverlag, Zürich 2009; Seite 97. – Charchorin, Mongolei; September 2014.

87   Lukas Bärfuss, Koala; © Wallstein Verlag, Göttingen 2014. – Vilnius, Litauen; April 2015.

88 Tagbum Gyel, Aufzeichnungen eines Hundehalters, in: Alice Grünfelder (Hg.), Flügelschlag des Schmetterlings. Tibeter erzählen, Unionsverlag, Zürich 2009; Seite 118. – Arcachon, Frankreich; August 2013.

89 Thupten Samphel, Der letzte Gott, in: Alice Grünfelder (Hg.), Flügelschlag des Schmetterlings. Tibeter erzählen, Unionsverlag, Zürich 2009; Seiten 191–192. – Stuttgart, Deutschland; September 2012.

90 Alice Munro, Kleine Aussichten; © Alice Munro 1983. Aus dem Englischen von Hildegard Petry. Für die Übersetzung © Klett-Cotta, Stuttgart 1989. Alle Rechte vorbehalten S. Fischer Verlag GmbH, Frankfurt am Main. – Paris, Frankreich; Dezember 2013.

91 Döndrub Gyel, Der schmale Pfad, in: Alice Grünfelder (Hg.), Flügelschlag des Schmetterlings. Tibeter erzählen, Unionsverlag, Zürich 2009; Seite 227. – Barcelona, Spanien; April 2013.

92 Alex Capus, Eigermönchundjungfrau; © 2004 dtv Verlagsgesellschaft, München; Seiten 89–90. – Ciudad de México, México; Mai 2015.

93 Donald Miller, Blue like Jazz. Nonreligious Thoughts on Christian Spirituality; © Nelson, Nashville 2003 by Donald Miller. Used by permission of Thomas Nelson. www.thomasnelson.com; Seite IX. – Seoul, Südkorea; Oktober 2014.

94 Matthias Krieg (Hg.), Reformierte Bekenntnisse. Ein Werkbuch; © Theologischer Verlag Zürich, Zürich 2009; Seite 107. – Dubrovnik, Kroatien; Juli 2013.

95 Francisco Madariaga, Januarbrief, in: Curt Meyer-Clason (Hg.), Lyrik aus Lateinamerika; © dtv, München 1988; Seite 175. – Arlanda, Schweden; April 2015.

96 Elias Canetti, Die gerettete Zunge. Geschichte einer Jugend; © Fischer, Frankfurt 1979; Seiten 94–95. – Dubrovnik, Kroatien, Juli 2013.

97 Jakob van Hoddis, Weltende, in: Kurt Pinthus (Hg.), Menschheitsdämmerung, Rowohlt, Hamburg 1980; Seite 39. – Prag, Tschechien; April 2015.

98 Heinrich von Kleist, Über die allmähliche Verfertigung der Gedanken beim Reden, in: Helmut Brandt (Hg.), Kleists Werke in zwei Banden, Aufbau, Berlin 1980; Seite 1,309. – Kyoto, Japan; Oktober 2014.

99 Wilhelm Arent, Des Jahrhunderts verlorene Kinder, in: Jürgen Schutte (Hg.), Lyrik des Naturalismus, Reclam, Stuttgart 1982; Seite 39. – Stuttgart, Deutschland; September 2012.

100 Johannes Bobrowski, Gesammelte Werke in sechs Bänden. Erster Band. Die Gedichte; © 1998. Deutsche Verlags-Anstalt, München, in der Verlagsgruppe Random House GmbH. – Puerto Vallarta, México; Mai 2015.

101 Marie Luise Kaschnitz, Kein Zauberspruch. Gedichte; © Insel Verlag Frankfurt am Main 1972. Alle Rechte bei und vorbehalten durch Insel Verlag Berlin; Seite 77. – Kyoto, Japan; Oktober 2014.

102 Catharina Regina von Greiffenberg, Über ein lustbringendes Regenlein, in: Elisabeth Borchers (Hg.), Gedichte berühmter Frauen, Insel, Frankfurt 1996; Seite 50. – Tulum, México; April 2015.

103 Karoline von Günderrode, Liebe, in: Elisabeth Borchers (Hg.), Gedichte berühmter Frauen, Insel, Frankfurt 1996; Seite 82. – Tulum, México; April 2015.

104 Christopher Coe, Göttlich; © Gmünder, Berlin 2013; Seite 130. – Dubrovnik, Kroatien; Juli 2013.